苏宁之道

打造卖场"互联网路线图"

| 林志贤○著 |

中国财富出版社

图书在版编目（CIP）数据

苏宁之道：打造卖场"互联网路线图"/ 林志贤著. —北京：中国财富出版社，2017.6

ISBN 978 - 7 - 5047 - 6537 - 6

Ⅰ.①苏… Ⅱ.①林… Ⅲ.①日用电气器具—连锁经营—商业管理—经验—中国 Ⅳ.①F721.8

中国版本图书馆 CIP 数据核字（2017）第 150916 号

策划编辑 宋 宇		**责任编辑** 宋宪玲			
责任印制 石 雷		**责任校对** 胡世勋 张营营		**责任发行** 张红燕	

出版发行	中国财富出版社	
社　址	北京市丰台区南四环西路 188 号 5 区 20 楼	**邮政编码** 100070
电　话	010 - 52227588 转 2048/2028（发行部）	010 - 52227588 转 307（总编室）
	010 - 68589540（读者服务部）	010 - 52227588 转 305（质检部）
网　址	http：//www.cfpress.com.cn	
经　销	新华书店	
印　刷	北京京都六环印刷厂	
书　号	ISBN 978 - 7 - 5047 - 6537 - 6/F · 2783	
开　本	710mm×1000mm　1/16	**版　次** 2017 年 9 月第 1 版
印　张	13	**印　次** 2017 年 9 月第 1 次印刷
字　数	173 千字	**定　价** 36.00 元

导言　解码苏宁"互联网路线图"

　　传统零售业赢利的核心是渠道，得渠道者得天下。而在互联网时代，第一要素是入口，得入口者得天下。面对市场环境不断变化，苏宁开始向互联网零售业务转型，进行组织管理变革。但是，一个体量庞大的连锁零售企业转型，牵一发而动全身，既要保持原有的竞争优势，又要形成新的核心竞争力，苏宁如何进行组织变革？

　　互联网经济的特征是开放和共享，苏宁全面向互联网化转型，就是要以开放平台的方式，把企业资源最大限度地市场化和社会化。首先，在店面布局进一步优化的基础上，苏宁将全面建设互联网化的门店，构建O2O（线上到线下）竞争中的最大优势，并在北、上、广、深等一线城市推出1.0版本互联网门店，在全国进行加速复制和推广。其次，苏宁借助遍布全国的门店网络，引导消费者在O2O时代的购物习惯逐步形成，实现移动互联网的弯道超车。同时加快家庭互联网入口的布局，为更多的家庭提供全面的智能解决方案。

　　苏宁明白，只有开放才能凝聚人气、集聚智慧，也只有开放才能共享资源、团结伙伴，真正打造出充满活力的大平台。从战略层面而言，苏宁充分认识到开放对互联网转型的价值和意义，从而集聚品牌商、零售商和服务商的资源与智慧，打造一个共赢的平台，为消费者提供最丰富的产品和最优的体验。

同时，在苏宁看来，开放不仅是一种态度，更是一种能力。作为一家全国领先的零售企业，苏宁20多年来积累了上亿的客户资源、遍布全国1600多家门店资源、通达2800多个区县的物流网络资源、丰富的零售运营经验和供应链管理经验等，这一切都将在开放平台发布之时全面对外开放，真正变成全社会共享的资源，引领整个行业的创新与变革。其中包括把企业内部物流转型为第三方开放物流，全面加快建立从消费者到商户的端到端的金融解决方案和增值服务能力，将大数据向合作伙伴开放等。

苏宁发布的开放平台战略，开创了划时代的平台新模式：第一，苏宁首创O2O式双线开放，充分激活互联网化门店的优势；第二，苏宁将重点升级消费体验，推出迥异于行业现状的全新售后服务政策；第三，苏宁要打造一个以合作伙伴共赢为先导、高标准严要求、重秩序讲规则的平台，推出一系列保护合作伙伴利益、繁荣行业生态的优惠政策。

通过布局入口，资源开放，集聚海量用户，这只是第一步，但最终要实现客户转化和忠诚度提升，还必须靠专业化的品类经营和用户体验提升。首先在品类经营上，苏宁继续确保家电3C（计算机、通信和消费电子产品三类电子产品的简称）领域领跑，并重点发掘红孩子的潜力，扩大母婴美妆市场的影响力，加速其从线上走向线下，形成O2O模式。此外，苏宁还积极进军生活日用品领域、本地化生活服务和数字应用等，进一步深化消费者对苏宁的全品类认知。在优化服务体验上，苏宁把原来的用户体验部正式提升为用户体验中心，在持续优化苏宁易购购物页面和流程的同时，在物流和售后保障方面加大力度，通过细分客户群体的需求，推出多项个性化物流方案,更为快捷高效地为消费者服务。

所有的转型,最后都要固化成团队的文化。只有文化上的转型,才是真正意义上的精神传承,成为融入到员工血液里的基因,成为自发的、自觉的内在驱动力。企业处于不同的时代,会形成时代文化的印记;企业运用不同的技术工具,会形成不同思维文化的定式。从手段到模式,再到品类,苏宁扎扎实实地推出了一系列互联网转型举措。

苏宁认为,在不同的阶段需要选择不同的文化,传统连锁比拼的是标准统一和快速复制,更注重人的服从和执行;互联网企业比拼的是创新、创意和开放协同,更注重人的自主和平等。企业文化既不能一成不变、故步自封,也不能全盘否定、推倒重来。为此,苏宁一方面曾于 2014 年第二季度成立了企业文化创新项目组,加强内部学习培训;另一方面积极营造开放的企业氛围,引进了大量外部人才,内外融合,催生成新的苏宁文化。

文化不是空洞的,最重要的是落实在工作上。苏宁推出了包括大到事业部组织变革、目标计划管理、业绩考核、股权激励,小到考勤、着装等一系列新规定。其中一条主线是强调目标绩效管理,倡导员工的自主创新和小团队作战,重视以人为本。

互联网企业的文化特征是注重用户的体验,用开放分享的思想重塑价值链,用平等的企业氛围促进创新。

目　录

第一章　互联网时代的创新者／1

　　随着京东、淘宝等电商平台的崛起，作为传统家电连锁巨头，苏宁面临根基松动的局面。面对市场环境不断变化，苏宁开始向互联网零售业务转型，进行组织管理变革。但是，一个体量庞大的家电连锁零售企业转型，牵一发而动全身，既要保持原有的竞争优势，又要形成新的核心竞争力，苏宁如何进行组织变革？

第二章 "一体两翼"互联网路线图 / 31

苏宁正在积极实践云商模式，围绕"一体两翼"——以互联网零售为主体，打造O2O的全渠道经营模式和线上线下的开放平台，整合线上线下，拓展全渠道，全品类经营，做"电商＋店商＋零售服务商"。苏宁正沿着自己设定的"互联网路线图"，逐步从传统企业转型为互联网企业。

第三章 进行组织再造 / 47

苏宁进行的组织再造，即通过建立一个全新的组织结构和一整套制度体系来实现连锁中国的目标。组织变革牵一发而动全身，障碍和阻力之大难以想象。而张近东对于苏宁组织再造之路的看法是："苏宁的组织变革一路下来，没有对错之分，只有合适与否，对有效管理的追求没有止境，组织再造和创新就是永恒的。"

第四章　独特的人才战略观／97

任何企业要实现可持续发展的目标，必须要有一套不断创新的人才开发制度，这样才能为员工提供稳定的工作环境，为企业发展奠定良好的人才基础。基于这样的人才理念，苏宁勇于突破，大胆创新，并用自己独特的人才战略观和人才理念持续吸引人才、造就人才，形成了独特的人才制度创新模式。

第五章　落地商业模式，为顾客创造更大价值／121

苏宁用20年时间从200平方米的空调销售小店铺，发展成为中国零售业的领导企业。这20年里，苏宁正是通过一次次成功的营销创新，不仅赢得了客户的满意，推动了企业成长；而且改变了行业的发展格局与模式，引领和推动了整个中国家电行业快速健康地成长。

第六章 面对行业并购，淡定从容 / 149

"2008 最佳商业模式"的冠军得主——不温不火的苏宁为何会突然发力，战胜了风风火火的国美？面对行业大并购的诱惑，苏宁为何依然能保持淡定从容？

第七章 苏宁新文化，打造新苏宁 / 173

在企业文化不断泛化的今天，苏宁企业文化的独特魅力和成功演绎的方式，应该是每一个传统企业学习的成功案例。事实

上，苏宁的企业文化作为优秀个案，其研究价值也引起了众多企业文化研究专家们的高度关注。

第一章　互联网时代的创新者

随着京东、淘宝等电商平台的崛起，作为传统家电连锁巨头，苏宁面临根基松动的局面。面对市场环境不断变化，苏宁开始向互联网零售业务转型，进行组织管理变革。但是，一个体量庞大的家电连锁零售企业转型，牵一发而动全身，既要保持原有的竞争优势，又要形成新的核心竞争力，苏宁如何进行组织变革？

第一节　转型：让"大象"跳舞

互联网行业有 BAT，即百度、阿里巴巴、腾讯；传统的家电行业有 SG，即苏宁、国美。

在传统零售业，容易被大家记住的是那纵横江湖、霸气外露的枭雄国美。相比之下，苏宁外圆内方、有亲和力，也有一点点强硬，但这些似乎都不足以让它成为"有个性"的企业。但是，正像一场马拉松竞技一样，风云突变之中考验的并不是爆发力，而是在耐力中展现出来的远见，甚至是不犯错、少犯错的能力。"美苏"争霸十几年，掀起了一场场血雨腥风的价格之战。如今，苏宁早已不把这个老对手"放在眼里"——其销售收入已经是国美的两倍，市值是国美的 5 倍以上，在这一波电商竞争中，国美更是被远远甩在后面，不可相提并论了。

随着互联网的快速普及，京东、淘宝等电商平台盛行，传统家电连锁巨头的根基开始动摇。面对市场竞争环境不断恶化，苏宁决定向互联网零售业务转型，同时进行组织管理变革。

当然，苏宁非常清楚，一个"巨头型"家电连锁企业转型困难重重，既要保持以往的竞争优势，又要形成新的核心竞争力，苏宁如何进行组织变革？除了预料之中的阵痛之外，还有付出业绩一时下滑的代价。苏宁是否形成了新的组织架构和核心竞争力？

购买过冰箱、电视等电器的人都知道，苏宁从事的是家用电器连锁，属于单一业务模式，是做家电品类的线下实体店连锁经营。在连锁零售时代，苏宁是由总部统一做标准，分布于全国各地 18 万员工执行标准，而这些员工早已习惯了执行事务性、程序性的工作内容。他们不需要动脑子，自然也不会思考或关注销售利润、客户体验或配套服务等，他们所关注的只是自己的规定职责，如同铁路的一段铁轨，至于列车的始发站、终点站或者列车是否能准点到达，都与己毫无关系。

但是，互联网的高速发展，电子商务来势凶猛，引起消费者的购物理念不断变化，苏宁察觉到了规模庞大所带来的大企业病。因此，它毅然决定向互联网转型，进行大规模的组织变革，要让传统零售业的"大象"在互联网时代翩翩起舞。

外界已迫不及待，有人甚至已经开始为苏宁的转型准备挽联。正如人们所预估的那样，苏宁云商公布 2016 年上半年财报：2016 年上半年，营业收入 687.30 亿元，同比增长 9.03%；商品销售规模同比增长 14.10%；线上平台实体商品交易总规模为 327.57 亿元（含税）。报告期内实现利润总额、归属于上市公司股东的净利润分别为 -2.25 亿元、-1.24 亿元，同比下降 147.61%、135.71%。公司总资产、归属于上市公司股东的所有者权益、归属于上市公司股东的每股净资产分别较期初增加 42.04%、91.78%、52.06%，主要原因为报告期内公司完成非公开发行股票，募集资金净额 290.85 亿元。但苏宁认为，很多人在唱衰实体零售时却忘了一件事，过去的那几年"死了多少电商有人数过吗"？言下之意，被唱衰的传统零售业至少还活着，但传统的"纯电商平台"却早已尸横遍野。

当然，身躯庞大得如一头大象的苏宁，不能以燕雀之志来对标自己。同样面对商业大转型的历史时刻，执掌 IBM 的郭士纳说："谁说大象不能跳舞？"但苏宁的困难在于，能让这头大象飞起来吗？甚至能让这头大象下水捕鱼吗？让苏宁由过去的"陆战之王"如何变为两栖或者三栖动物，才是更大的考验。

自苏宁计划实施变革以来，针对苏宁转型的种种争议可谓多如牛毛，而所有的争议大致有个相同的起点：即苏宁如何在不放弃上千家门店这沉重肉身的基础上，仍旧可以完成拥抱互联网时代的转型？翻译成更简单的话就是：苏宁想转型，门店（包括门店里的人）怎么办？这些怀疑者有自己的逻辑，互联网带来的显著变化之一，就是信息不对称大大减少，被消弭的不对称，不仅是商家与消费者的不对称，也包括组织内部的信息交换成本。因此，很多基于互联网的公司都趋于轻资产和扁平化。但这两点，恰恰是传统制造型企业和零售型企业无法逾越的墙。

人们常常用"壮士断臂"来形容变革求新者的决心和勇气，苏宁的变革之勇，即使是竞争对手也是很佩服的。但是苏宁的变革并非自寻苦吃，而是真想让大象跳舞。无论是更名为"云商"，还是后来的开放平台，包括对PPTV（在线视频软件）的收购，所有这些动作都有一个典型特征，就是苏宁的高层在不停地给苏宁做加法。规模已近千亿的苏宁没有选择减肥瘦身，而是不停地往嘴里塞进新鲜的、看上去更有营养的"食物"。这必然带来两个问题：第一是如何消化这些资源；第二则是如何把这些新资源与包括门店在内的旧资源很好对接。虽然苏宁易购成长迅速，但是在很多人眼中，苏宁还是家门口或者单位附近的一个卖场，只是换成了蓝色标识而已。

但苏宁信心满满：在互联网时代，"大象"仅仅能够"跳舞"还不够。张近东只说了一句话："如果我做，可能会犯错，可能会倒下；但如果我不做，肯定倒得更快。"的确，如果没有下定决心触网——上马苏宁易购，苏宁也许会有如现在的老对手，心有余而力不足，沦为一家为生存而战的企业了。他经常在苏宁内部说："苏宁做任何一件事情都不是突发奇想、一念之间决定的。"苏宁云商战略的背后，是他对中国零售市场更大规模的渴求，以及把苏宁变成像沃尔玛、亚马逊一样的世界级企业的终极目标。

云商模式的提出，让苏宁跨入了群雄逐鹿的新天地，为自己树立了无数重量级敌人：既有同样进入了电商业务的传统零售大佬，也有电商界巨鳄。其中的典型代表包括万达的王健林、阿里巴巴的马云，而京东的刘强东也成为苏宁关注的对象，虽然京东在规模上远不如苏宁，但它的电商模式，却是苏宁不得不面对的对手。

在某些人看来，与纯粹的电商相比，苏宁的门店与电子商务之间是矛盾的，分布在全国各地的 1600 多家门店是一种拖累，造成线上线下左右手互搏；也有人认为苏宁应该采取一分为二的战略，在保持苏宁线下连锁门店继续发展的同时，独立发展电子商务，这样既可以做大，又比较安全。

但苏宁却选择了激进的方式，整体向电子商务转型。自苏宁电器更名苏宁云商，并对外发布新模式、新组织、新 VI（视觉识别系统）后，标志着苏宁"去电器化"的科技转型战略迈开一大步，也宣告着苏宁"云商"新模式的正式面世。

张近东在内部讲话中多次提到要统一思想，他指出，面对苏宁的互联网零售战略，既不能左倾地认为要舍弃店商、发展电商，更不能右倾地认为要保护店商、遏制电商，店商＋电商＋零售服务商＝苏宁云商，实现云商的根本出路在于店商的全面互联网化。

超乎很多人的想象，苏宁的云商战略迅速进入第二阶段，宣布全国所有苏宁门店、乐购门店销售的商品，与苏宁易购实现同城同品同价，以打破实体零售在转型发展中与自身电商渠道的左右互搏。"双线同价的终极目标，是实现苏宁互联网零售的转型。"张近东在内部动员誓师大会上指出，双线同价是苏宁实现O2O融合，转型互联网零售的根本性突破、中国零售业变革的里程碑事件。

以往，苏宁每年做一次组织架构调整，而现在基本上每月都要进行一次。苏宁设立的八个独立公司已正式运作，下一步其他事业部也逐步向公司化的模式进行调整，实现从"高速列车"到"联合舰队"的构想。

苏宁在转型的过程中，坚持"以万变应万变"的方针。如在运作调整上，最大的改革是关于物流方面的，成立了独立的物流公司，直接对标行业领先物流企业，全力提升物流方面的用户体验，带来的变化则是苏宁在北、上、广、深等12个一线城市改造率已达到98.6%，实现了本地仓出货城市主城区全部半日到达，12个一线城市异地出货主城区全部次日到达。

同时，苏宁还做了一个看似不起眼的改变：把原来的"单休"改为了"双休"。虽然只算是"微改"，体现出来的是从"传统零售业打法"到"互联网企业打法"的转变，是苏宁从连锁标准化、流程化管理到互联网创新、目标管理的转变。和先前的苏宁相比，云商时代的苏宁一个显著的特征，就是紧跟时代的步伐。无论是公司架构还是运营模式，都打破了传统零售业的模式。其中关键的改变之一是苏宁在内部开始推行"要听用户的，别听领导的"的管理思维。

如果说，苏宁云商之前是战略布局的框架建设期，后来的"内部与其转型"就是战略执行期，一旦"转型"完成，苏宁会成为引领行业的现代化互联网公司。

　　成立近三十年以来，苏宁成功从空调经销商转向家电零售商，从家电零售商转向了 3C 及家电连锁零售商，如今，"云商模式"的第三次转型，在历经最初的慢速发展后，逐步显现出其附加的加速度。如果说转型的前 5 年，相对于行业而言，增长是缓慢的，那么现在，距离这只"大象"起舞的时间真的越来越近了。

第二节 从"千店一面"到"千店千面"

不知道苏宁的当家人有没有看过《福特传》这本书。福特老先生亲口讲过一句话:"这个世界人们需要五颜六色的汽车,但是福特只供应黑色的汽车。"即使苏宁的当家人没有看过这本书,他们也可能认为福特老先生的话是正确的。苏宁向互联网零售商转型的原意,可能是出于此,如下图所示。

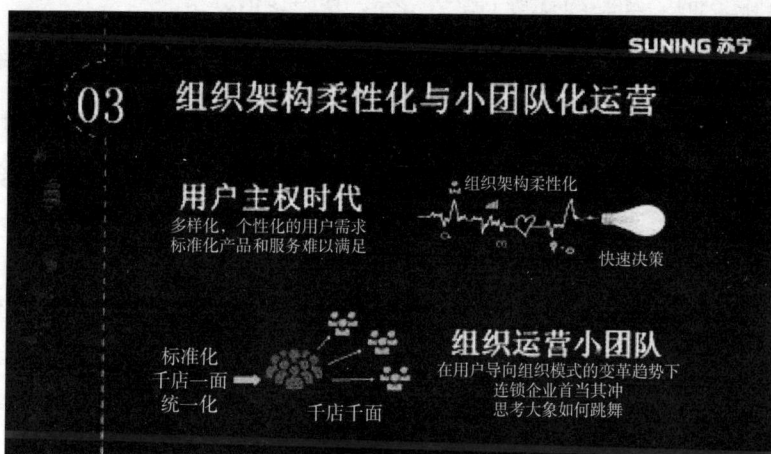

苏宁向互联网零售商转型

20 世纪 80 年代初,购买自行车、电视机等大件,还得有"票"才能买得到,但现在的各类商品均满足供应并品种齐全。可是,很多商品同质化、千店一面，在某电商平台上尤其严重。在这家电商平台上大概有 600 多万个"店小二"，但是真正能够活下来的，而且活得比较滋润的不到 200 万个，这家电商平台的整个生存逻辑是：通过直通车的方式或者是皇冠店的方式。比如现在有一千个女人要买香水，这一千个女人只能堵在首页或者说第二页那些"店小二"的门口，就跟 BAT 之一那家互联网一样，只搜索完了首页和第二页，但是卖香水的可能有 5000 家，但这一千个女人只能接触到前 50 个"店小二"，所以就会发现这个世界太不公平，自己凭什么只能跟这 50 个人打交道，而这 50 个买直通车的人，他们可能缺乏良知，可能会作恶，所以在搜索引擎上出现了卖假药、假商品的现象。

由消费者促成的第三次零售革命，在连锁对象、连锁组织、商业模式、业态、商圈、渠道和营销等方面产生了深远的影响。但当我们在为未来感到忧虑时，却隐约看到了一些路标，其中包括苏宁。

苏宁意识到必须自我超越，从家用电器品类转向全品类经营，围绕零售主业建立多元化业务架构。而苏宁组织系统的改造，有两个明确的目标：一是配合互联网零售业务，建立配套的组织模式；二是提高组织活力，克服"大企业病"。

打个比方，过去苏宁就像是专业足球队，但现在苏宁既要踢足球还要打篮球、乒乓球，参加游泳、田径比赛，是一个体育军团，不能把踢足球的经验照搬到篮球、乒乓球上，也不能让一帮踢足球的人又踢足球又游泳。苏宁需要在整个组织和人才方面进行专业化分工，把过去职能的专业化转变成行业、品类的专业化。

实体零售商向互联网转型时，如何处理好自己的"实体资源"，很多行内人都没有找到一个完美的解决方法。一位在家电江湖混迹多年的从业者曾表示，他很佩服张近东在当年的大中电器收购战中没有"坚持到底"，而是送给了国美，还花费了黄光裕大把的银子。"这些门店过去是资源，现在还是吗?"如果当时是苏宁接盘大中电器，在互联网转型时，这些增加的门店如果不能发挥价值，就会成为更大的包袱。

不过，即使受到赞许，张近东也不会完全同意他的看法，苏宁这一年来反复对外宣讲的一体两翼（互联网零售 + O2O 与开放平台）战略中，门店并不是包袱。接着，苏宁开出第一批互联网门店，"我们要把门店开到消费者的口袋和客厅中去"。

互联网时代，零售商是要做商品经营和消费者的数据营销，这就需要与顾客进行交互的"界面"，"手机是界面，电脑是界面，门店也是界面"。区别在于规模的大小和各自承载的功能不同，"没有必要讨论哪一个界面更有优势，关键问题是互动的便利性及界面所能传递信息的丰富性问题。"例如在移动互联时代，手机成为重要的购物终端，但是手机的缺点在于页面狭窄，展示空间有限，这时候就需要多界面互动。某知名媒体人指出，苏宁的门店要改变过去"利润中心"的角色，而是变成"实现整体营销的手段环节"。

正是在这种指导思想之下，所谓的传统零售业左右手互搏的问题，才可以变为线上线下的互动。而似乎提前爆发的 O2O 热潮，也让苏宁的转型变得越来越急切。

O2O 对苏宁这样的企业并非一个新概念，但 O2O 热潮的出现之快也出乎意料。在苏宁的眼中，"双 11"成为一个历史分水岭，传统纯电子商务自己也成为被颠覆者，"今年大战的主题有别于纯网购，排名前列电商纷纷强调自己在 O2O 上的布局。"这一次苏宁也举办了"中国首届 O2O 购物节"，并在中国率先推出了首个 O2O 标准，即商品统一、价格统一、促销统一、支付统一、服务统一。当O2O的概念被热炒时，苏宁提出了自己的理解："一是必须有两个'O'，即同时在线上和线下都拥有自身能够掌控的渠道；二是必须实现两个'O'无缝协同和高度融合。而中国大多数企业要么只有线上，要么只有线下，同时兼具的屈指可数。"言下之意，提到渠道的双线控制力，这自然是苏宁的优势。

有了O2O这根主线，苏宁进行了令人眼花缭乱的收购，有布局才能各得其所。苏宁这一年的布局围绕"全渠道、全品类"的发展战略目标进行，因此主要进行两个补充：其一是商品品类的补充。苏宁对家电3C比较熟悉，需要补充其他品类；其二就是技术的跨界。

技术跨界尤为艰难，过去做实体门店时，苏宁一直强调"后台"的建设，在互联网时代，苏宁仍旧认为决胜端在看不见的后台，需要强大的信息流、物流体系来支撑。为了解决大数据、搜索等平台运营的核心问题，苏宁需要更多的分析工具和高科技手段。

面对业务多元化发展，苏宁提出部门公司化、小团队作战，把一个统一的大企业，拆分成一个又一个小微企业，即从"千店一面"变成"千店千面"，让每个企业和店面都能独立工作，直接面对最终用户、最终市场，以最快的速度应对竞争，对营销结果负责。

由于组织模式的转变，使得苏宁对管理层和员工有了新的要求。因为苏宁每一项业务都要应对特定的细分市场和竞争格局，业务之间差异较大，所以需要每一个管理者、每一名员工独立思考，独立经营和营销，不能再由总部一刀切地制订统一标准。

因此，苏宁内部管理变革的根本方向和最终目的，是让苏宁从一个发动机变成几千个发动机同步运转。要转变员工，特别是中层干部固有的工作意识、内容和定位，让他们更加积极主动地承担责任，由过去向总部要经验、要方法，转变为每个人都像老总一样自己想办法、谋思路，从自上而下的发动，变成自下而上的发动。

　　现在，苏宁总部只是提供资源、指明目标，通过放权把能放开的完全放开。苏宁的管理创新，就是要确保勤劳的苏宁转化为智慧的苏宁，执行力强的苏宁转化为创造力强的苏宁。

第三节　微创新：聚沙成塔

有一个成语叫"集腋成裘"，狐狸腋下的皮毛虽很小很少，但只要用心聚集起来，就能制造出一件精美的皮袍。在苏宁转型方面，用的也是聚沙成塔的方式，与集腋成裘的意思大体相似。

苏宁在战略布局时期完成了基于行业和一些重要领域全品类、全渠道、全客群的拓展布局，接下来是苏宁的战略执行年和成效凸显时期。

苏宁的整个转型从战略到布局，从概念到操作，从宏观到微观，需要各个体系的基层干部，乃至一线员工一起聚沙成塔，围绕互联网零售进行微创新，最终推动公司整体战略转型。

在互联网时代，所有企业都呈现出快速迭代发展趋势。自下而上地创新，不能是一句口号，苏宁知道，这需要一整套创新的管理制度予以支撑，在员工层面需要加强目标绩效管理，建立"短平快"的绩效考核机制。苏宁将以往每年一次的评优表彰分解到每个季度、月度，既及时激励员工，也使得每个团队的目标更加明确。

在组织方面，为了提升小团队作战能力，提高组织活力，苏宁提出"简政放权"，精简审批环节，组织扁平化，提升决策效率，给予事业部、地区、子公司、店面更多的经营自主权。苏宁总部只负责明确地区、事业部的发展目标，给予业务指导，对于具体的流程、环节，允许门店或事业部，以客户为导向，进行自下而上的试错创新。

在此，不得不提的是，为了鼓励全体员工进行微创新，苏宁出资1000万元设立互联网创新奖励基金。这只是一个起点，如果不够苏宁还会追加，目的就是为了推动公司在O2O融合、互联网零售方面的发展。因此，无论是运营和产品开发与设计、新型市场的推广手段，还是信息平台建设与信息技术创新，只要是对苏宁转型有益，不论是一线员工还是管理者，公司都给予奖励。例如，曾经很火爆的免费贴膜创意就来自苏宁的一个小团队，公司已经对提出这一创意的基层员工予以重奖。

在人才管理使用方面，苏宁围绕互联网转型，加大了引进人才的力度。但苏宁认为，支撑一个企业长久持续发展的是其稳固的团队。因此，在开放、创新的人才队伍建设理念下，苏宁强调以目标和绩效为导向，加强对干部队伍尤其是中层干部的培养。比如，为拓展年轻干部的视野，苏宁每年投入3000万元，通过新业务专项培训、总部与地区交叉轮岗、管理者跨地区交流、外出读书、出国考察、标杆企业交流等方式，提升干部的综合管理能力。

诚然，在坚持自主培养的基础上，苏宁进一步加强了人才引进力度，仅仅半年时间就引进了150多名中高层人才，这一数字超过以往一年引进的人才总和。"空降兵"的引入，使得苏宁更注重管理层调整常态化、制度化，以每个季度的绩效考核结果为核心依据，大胆提拔，大胆淘汰。

随着业务发展，苏宁将采取各种措施帮助管理者提升和转型，但如果谁的能力跟不上，就必须让位给有能力的人。这激起全体员工的创新意识。在微创新方面，苏宁有以下三个精彩案例。

案例一：为中国人民手机免费贴膜

苏宁在全国34个城市门店，推出"为全国人民手机免费贴膜"活动，并把此举确定为苏宁门店的标准化服务之一。

创意产生：苏宁运营总部筹备了一个星期的手机节，社交推广部的一个员工提出：通过门店为消费者免费贴膜，以此扩大苏宁手机节的传播效应，提高门店的客流量和用户体验度。

创意亮点：手机贴膜成本低，对门店客流带动作用大，可以吸引消费者关注，扩大手机节的影响力。

贴膜方案在小范围敲定后，由社交推广部员工直接推送给苏宁运营总部执行总裁李斌和连锁店事业部总经理雍玮，两位高管一致认同后，立即要求各业务部门配合执行，并对外发布相关信息。

此微创项目由苏宁社交推广部员工发起，由高管协助推进执行。方案从产生到确定仅几十分钟，全程由邮件报备呈送方式推动，仅经过提报和确定执行两个环节，并在一周内对外发布，体现了苏宁自下而上快速应对市场的竞争优势。

案例二：苏宁易购改版

作为改善用户体验的重要环节，苏宁易购的全新首页正式推出。此次改版增加了楼层布局，进行楼层视觉优化，整体色调较以往有了明显变化，更加凸显苏宁易购活泼朝气的品牌特征。

将用户最为关注、最感兴趣的内容提炼出来，放置到首页，增强网站的交互性，如增加"每日特价""促销商品""热卖商品"和"城市特惠"信息的曝光量，方便消费者购买。同时，在侧边栏增加到达首页各楼层信息的快速导航栏，方便检索浏览。

苏宁易购首页改版，分析了国内外电子商务网站的内容结构，梳理了用户浏览习惯以及页面设计趋势等，根据苏宁易购网站日常的运营数据，最终确定改版方案。

苏宁易购改版后，新首页在视觉效果、板块设置与功能应用等方面，都实现了大幅度优化与提升，优化了用户浏览操作流程，首页页面更加直观、人性化。新页面突出各品类活动的重要性，显示了苏宁对线上展示资源的控制力。

案例三：苏宁 V 购

推出苏宁 V（vip）购，为消费者提供私人定制的专属导购服务，消费者只要在线上预约，到店便可享受全程接待与陪同的导购服务。苏宁 V 购已在南京进行试点，后期将在全国推广。

苏宁 V 购是一款 O2O 服务产品，即消费者如果有到苏宁门店购物的需求，只要通过苏宁易购网站或手机客户端预约导购服务，说明需求，苏宁门店便可以提供私人导购服务。

伴随着苏宁 V 购而来的，是 V 购导购员。苏宁 V 购导购员经过专业的岗前培训认证，并根据预约消费者的具体情况，如房屋户型和家庭人员数量，提供整套家电解决方案和专业的购物建议。苏宁 V 购导购员还会追踪消费者购买后的商品使用情况，对商品配送、安装以及使用问题进行协调和解答。

消费者在网上查询产品，到实体店体验后再购买，已成为一种购物趋势，但无论线上还是线下，购物都要花费大量时间，消费者希望用最少的时间购买商品。苏宁 V 购整合资源，建立线上线下互通的渠道，以此增强用户的黏性与体验度。

第四节　组织架构再次进行大调整

为加速全品类拓展和 O2O 融合发展，苏宁对组织架构再次进行大调整，宣布在商品经营总部和运营总部两大经营总部之外，设立八大直属独立公司。

苏宁表示，此举是为了让新业务在经营管理方面获得更大自主权。这八大公司不仅包括红孩子、PPTV、商业广场，还包括新成立的物流、金融、电讯公司，另外两个还在筹备中。

苏宁认为，目前的重点是在互联网门店、移动通信转售业务、易付宝金融创新、PPTV 等多个方面进行全面发力。苏宁的第二步是通过物流、金融、电讯、母婴等重点业务和品类的突破，快速抢占市场。并且，苏宁发布的空调行业白皮书显示，空调市场整体规模将保持 5% 左右增长。空调产品线上销售占比已经突破 8%，价格上涨 10%。传统实体零售渠道、传统电商加速转型，O2O 融合零售的趋势更加明显。

苏宁多次在公司内部大会上宣布，要进行涵盖实体产品、虚拟产品和服务产品的全品类拓展。之后，苏宁宣布，将线下门店和线上易购两个运营体系进行整合，成立大运营总部，同时设立了八大直属独立公司。

同时期，苏宁向苏宁云商模式全面转型，进行大规模组织架构调整，其中包括五个管理总部和三大经营事业群，以及包括 60 个大区在内的地区执行层。对于各部，苏宁进行明确分工，各司其职。总部管理层负责战略规划与标准化建设，经营管理层负责各项业务经营管理，地区执行层负责各项业务的运营。

并且，苏宁新建连锁平台经营总部、电子商务经营总部和商品经营总部三个经营事业部，将电子商务的线上业务重要性提升到与线下电商平等的位置，融合实体产品、内容产品、服务产品三大类的 28 个事业部，形成新运营组合。

在大区层面，苏宁进一步将大区扁平化管理。把大区、子公司、营运部三级缩减为大区、城市终端两级管理，并新设 16 个大区，城市终端增加100 多个。

此外，苏宁共花费近 2.6 亿美元收购了 PPTV 和满座网。PPTV 公司CEO（首席执行官）陶闯、创始人姚欣及原满座网创始人兼 CEO 冯晓海被任命为苏宁核心高管，而入公司仅半年的原麦考林 CTO（首席技术官）张研也升任为 IT 总部执行总裁助理。

在苏宁内部会议上，张近东为苏宁转型过程中资源尚未得到有效整合提出担忧。

在一系列前台后台、开放线上线下的整合和开放之后，苏宁部署了新一轮调整。这次主要调整的是运营体系，连锁平台经营总部、电子商务经营总部将被合并，线上线下两大平台的运营、市场营销职能合二为一。为增强全品类拓展业务的独立性，苏宁又设立了八大直属独立公司。八大直属独立公司的设立目的，是以项目管理的方式打破组织壁垒，打破流程障碍。通过物流、金融、电讯、母婴等重点业务和品类的突破，快速抢占市场，带动目标的实现。

母婴品类是苏宁实体店重点拓展的商品。红孩子将加速实体连锁的拓展，将新开 8 家实体店通过自营、开放平台协同发展建立全国供应链，加速推进母婴市场的 O2O 融合。虚拟产品方面，苏宁通过 PPTV、电讯两大公司，加速推进视频内容、电讯等业务的拓展。同时借力抢占移动互联网和家庭互联网入口，加速苏宁 O2O 入口建设，构建一个完善的本地 O2O 生态圈。

通过一系列整合，苏宁把物流和金融提升到空前重要的地位，分别成立物流和金融公司。加快物流向第三方物流转型，并进一步探索第四方物流模式。其推出余额理财产品"零钱宝"，并获得了电商首张保险代理牌照，其"对公理财"产品也已经上线，苏宁互联网金融的布局一步步落地生根。

值得注意的是，配合苏宁组织架构调整，北京苏宁主管侯恩龙被调回总部，负责组建新的物流公司，南京苏宁原总经理卞农主要负责北京苏宁业务。

苏宁认为，这次组织架构变革最大的特色，是成立若干垂直专业公司，相对独立运营。对于各地分公司以及独立运营的专业公司，苏宁不把数字作为绝对的考核内容。

张近东对苏宁互联网转型表示认可，但坦承没有实现理想的业绩。

第五节　脱胎换骨，初见成效

在历经脱胎换骨的转型升级实践中，黑龙江省新华书店果戈里书店是一个"样板店"。面对实体书店的"寒潮"，黑龙江省新华书店开始实施转型升级计划，在形象、业态、营销、服务四个方面进行升级，创新书店的发展理念，因地制宜，结合地域特色改造老店，做到每个店都有自己的定位，不搞模式化。尽管缺乏实战经验，全凭自己摸索，但是果戈里书店的转型升级不失为一次大胆的尝试。

果戈里书店的成功，为传统书店的转型探索出一条新路，目前省内已有8家新华书店采用黑龙江新华全新标识，改善书店环境，提升服务水平，打造集精品图书、文艺沙龙、儿童娱乐、茶艺休闲等诸多业态融合发展的门店经营新模式……如今，黑龙江省新华书店转型升级已初见成效，书店每天客流量近千人，全年经营收入达600万元，已拥有3万多名读者会员。

当然，企业的转型之路，不可能一马平川。组织架构就像人的骨骼，转型就是进行脱胎换骨的改造，苏宁也实施了如果戈里书店一样的转型，它把过去的组织架构彻底改变，就像一个人脱胎换骨。作为一家企业，这样大幅度的管理转型变革，必然要承受代价，阵痛是无法避免的。为了转型，苏宁在经营业绩方面牺牲了巨大的利益。

尽管企业要跟上时代的步伐，然而转型成功与否仍要由业绩说了算。

从管理体系调整结束后,一种叫作"自我集体的建设和强化机制"已在苏宁内部形成,新的制度体系开始按照既定的轨道运作。新的组织架构磨合到位,新的管理系统正在发挥作用,苏宁的业绩明显回升。伴随着转型不断深入,苏宁对未来的发展非常有信心。

互联网改变的不只是客户的消费需求,更是他们的行为模式。要想吸引新一代客户,除了硬实力,企业的软实力更为重要。苏宁向互联网零售业务转型,进行组织变革,是着眼于长期可持续发展,基于多年积累的硬实力,形成更强大的互联网软实力。

第一是互联网的转型要成功,企业高层必须要有一种坚定不移的决心,任何犹豫、怀疑都会造成转型失败。作为企业的最高层领导,只要稍微露出一丝的质疑,失去自上而下坚定不移的决心的推动,转型是不可能成功的。尤其是转型过程中会遇到很多的挫折,一个互联网转型,把苏宁整个市场价值打掉一半,外界的各种各样的言论,一直在苏宁的身边叫嚣,这是一个很大的压力。方方面面的压力摆在这个地方,企业的高层领导要能够顶得住,如果顶不住,或者想走捷径了,最终就会在这个行业中被除名。

第二是要有敏锐准确的判断。大家能够从社会上看到互联网有很多的言论,有很多的大 V,在表达着各种各样的说法,很多说得很漂亮、很激动人心,是不是他说什么,我就要做什么?当苏宁认准了方向以后,可以坚定不移地推进,千万不能随着舆论走。大家能够看到很多曾经兴盛的互联网企业,现在很多都已经倒闭了。企业的经营和发展是一个非常复杂的事情,绝对不是有一个很好的点子就能够真正存续下去了,而是需要有思考判断和大量的实践。

第三是速度。客观地讲,现在中国互联网化已经进入第二个阶段,第一个阶段是很多纯互联网企业以技术发起的变革；第二个阶段是传统行业的企业，利用互联网的技术手段改造自己，最终行业的主导者还是传统企业，但是要改变自己，而且速度要快。因为现在很多行业已经发生很大变革，如果变革方面没有决心，迟一步就赶不上了。

第四是执着的问题。很多中小企业由于外部大量的风险投资基金融入，能够通过资本的刺激，在短期之内产生良好的业绩。但是很多人考虑做好了以后，再通过资本的手段转卖出去。作为一个实体的企业，苏宁要踏踏实实地延续下去，因此要有一些资本的手段运用，但是最重要的是要把商品、供应链服务等基础的工作踏踏实实地做到位，而且要坚持做下去。互联网的转型，最终竞争还是在于商品、供应链运营效率、服务的品质、团队，还是这些传统的东西。苏宁不能为短期策略性调整的要求，最终迷失方向。这一点也是苏宁在转型过程中的亲身体会。

以前，传统零售讲规模经济，规模越大，竞争能力越强、毛利率越高，企业盈利空间越大。但是，互联网时代不是这样的，太多的以小博大的案例，企业必须面对。原本合理的毛利率不可避免地出现下降。与此同时，转型投入则是加大的，因此企业盈利下降是正常的。这表明苏宁的竞争力是很强的。

伴随转型后的发展，苏宁毛利率完全有可能提升。新的盈利结构应该由这几个方面构成：首先，通过数据反向驱动订单设计再加上金融服务等叠加起来，形成产品价格不高，仍有较高的毛利，苏宁的个性化定制、众筹等产品占比越高，竞争能力就越强，通过这些方面获取新的利润。其次，以服务带动增值。利润的构成，更多来自于平台服务，来自资源的社会化共享。比如，苏宁的物流能力要全面转化成为供应商、商户服务的平台。依靠物流服务、金融服务、数据服务，以及各种各样的云服务，这些传统业务里面从未有过的、想也想不到的东西，可能成为互联网零售企业的盈利点。

对苏宁来说，已经形成了新的五大产业——地产、商业、影视、体育、金融的布局。除了商业，与之关联的苏宁置业一直在做。文化创意产业是一个新板块，苏宁把 PPTV 放在里面，包括互联网视频、影业、院线、体育等。另外，还设立了金融、投资板块。总的来说，五大产业还是资源的协同。

从苏宁内部看，超市类目是品类扩张非常重要的一部分，除了自营，还有平台招商。苏宁的快速改造，使其从万亿元规模的家电销售市场直接闯入 30 万亿元规模的大零售消费市场。

第六节　"互联网+信仰"：全面融入互联网

互联网+行动计划的推行，让更多人重新关注传统企业转型升级成为万千传统企业的诉求。但苏宁的转型不是近些年才开始的，而是更早。

自从苏宁内部频频传出"转型"——拥抱互联网这个信号，北京水立方人满为患，原计划700人的会议规模调至1000人，其中包含800多家供应商。这是苏宁开放平台正式上线暨首场招商大会。

苏宁宣布开放平台"苏宁云商"正式上线，苏宁要彻底转型为"互联网化的零售企业"，改名为"苏宁云商"。打通了内部架构，统一了线上线下价格，强调"从此不再只是卖电器的门店，将成为卖百货、虚拟商品、服务商品的线上线下融合的渠道"。

与此同时，苏宁涉足银行业的声音不断传出。伴随转型的深入实施，资本市场给出了积极的回应，苏宁曾经低迷的股价，呈现出一路高歌猛进的趋势，曾先后出现4次涨停。苏宁的市值迈向千亿大关。

转型，意味着未来充满不确定性，坎坷丛生。苏宁认为，转型是掌握新工具、获得新能力的学习过程，出现这样或那样的问题都是正常的，需要"用时间换空间"。

苏宁高层对于"转型互联网"的解释是，不转型就是在等死，不是竞争对手把你打死，是消费者远离你了。近几年苏宁给人的印象是，一直在

"折腾",苏宁要干什么?答:转型。要转成什么?答:要做互联网化的零售企业。

苏宁在全国各主要城市召开开放平台上线大会暨招商大会。对苏宁而言,国美的步步紧逼之势已不再明显,坐拥零售老大位置的苏宁为什么要转型互联网?苏宁曾说,互联网只是一个转型诱因,如果苏宁不融入互联网,肯定会被淘汰。"不转必死,转有可能找死,但是我们首先是在找活路。"

当然,苏宁的变化也在情理之中。电商大战言犹在耳,哪里有战火,哪里就有利益,所以要转型。拥有1600家门店的苏宁,转型思路是既要进军线上,也要保留线下。"未来的零售企业是线上线下的完美融合。"

苏宁的构想是,线下超级店、旗舰店、生活广场等将为消费者提供展示、体验、销售、提货等服务;线上将卖电器、化妆品、日用品、图书等多种品类商品,不仅自己卖,还提供开放平台给别的商户入驻。同时,作为零售服务商,苏宁要打通线上线下的会员数据、支付、售后、物流等,为线上线下的上游商户、下游用户提供金融、物流、售后等各类服务。

还有一个解读新模式的说法是"全渠道,全品类",通过线上线下渠道融合的O2O模式,实现苏宁"全渠道"的打通,并且通过开放平台,引入优质商家,完成对"全品类"的打造。总之,苏宁要成为一个"互联网化的零售企业"。

在转型的过程中,苏宁的毛利率面临下滑的挑战。对此,苏宁以可以暂时"无底线"容忍毛利率下滑,来表达转型的决心。有了规划,如何转是个问题。其实,苏宁从计划转型开始,决策层几乎每年都对外抛出一个对苏宁未来发展的描述,先是去电器化,接着是"沃尔玛+亚马逊"模式,后来是科技苏宁,又提出云商模式……

某业界专业人士提出质疑，这些表述实际上还是停留在"形容词"的层面。苏宁回复称，决策层思考的重点，就是如何"把这些形容词做实了，做成名词，再从名词做成动词"。盛大的苏宁开放平台招商大会后，他们对这场精心准备的大会，共同的解读是"决心"。

在开放平台正式亮相之前的几个月，苏宁曾从外到内做了一次大调整。苏宁电器正式更名为"苏宁云商集团股份有限公司"，这也是一个很大的改变。

过去，线上线下各自独立，自己的平台，自己的采购，自己的销售，各做各的。调整后，原来的两个渠道彻底打破了，变成了两个平台（实体店和网店）多个公司，多公司是以产品类别作为一个公司，多个公司在两个平台上平行运作。

同时，苏宁又在全国范围推行了线上线下同价政策，线下价格向线上看齐，将线上线下彻底打通。"不打通也不行，消费者到店里来，拿着手机就能把线上线下打通了。如果消费者都在网上，你还掩耳盗铃，是没有意义的。"一面是决心转型，一面苏宁也为转型付出了一定代价。据其当年半年报显示，期内苏宁毛利率同比下降 3.54 个百分点。一方面以低毛利为特征的线上业务快速增长，另一方面"双线同价"让线下产品价格降至其线上水准。"全渠道"打通后，苏宁的毛利率经历着挑战。

对此，苏宁相关人员说："利润下滑主要是毛利率的下降，毛利率的下降是线上线下融合、转型互联网、贴近市场的结果。"这体现着苏宁转型的决心。"苏宁在这方面已经做了很多准备，从过去融资、发债，到利润积累，我们有充足的资本支撑。"转型为互联网零售企业后，新的盈利点会不会衍生出来，这是企业老板和高层领导真正关注的，比如后台物流、IT、金融资源开放带来的新收益。

苏宁称其开放平台区别于传统电商"将流量变现",不是做广告平台。"开放平台"是苏宁确定转型后的一个典型成果。开放平台是什么?"其实就是线下集贸市场的概念,中国电商现在最大的蛋糕就是开放平台。"中国整个开放平台的价值是4000亿元左右,接下来的5～6年可能有2万亿元的容量,到时候里面一半都是开放平台的。

在苏宁之前,天猫、京东、凡客都已先后上线。苏宁的开放平台3.0版区别于天猫、京东。

传统电商平台的做法是把商家无限积聚,商家利用商品吸引顾客,然后平台开始将流量变现。此时,开放平台上的商户,会觉得自己突然掉进了一个无底深渊,这里的竞争非常激烈。怎么办?就要搞竞价排名、店面装潢、广告促销,此时就给了平台寻租的机会。而商家如果想在站外做广告往站内引流,实际上商家所有的投入最后都被平台商赚去了。

苏宁想做的是什么?它不是做广告平台,不是把平台做得很热、挤得水泄不通的时候,再利用广告盈利;它要做消费者心中真正的购物平台,它不能因广告而被记住,而要因其商品的品质、品牌、售后服务而被消费者称道。

还有一些其他不同,比如苏宁开放平台,有许多免费政策和免费服务,颠覆了行业其他电商平台的盈利模式。双线开放也是苏宁云台的显著特征,线下门店资源将与线上联动,按照苏宁的目标,建设一批1.0版的"互联网门店"。尽管专家、商户看好苏宁云台的双线开放、统一服务承诺、精选优选、平台免费。但是,不可回避的事实是,如今苏宁开放平台,确实比天猫晚了近2年,比京东晚了1年,面临着大环境不利的局面。

一些网购人群的消费习惯已经基本养成,而要想改变消费者原有的购物习惯是很困难的。且苏宁进入相对有点晚,天猫、京东开放平台的时候，是直接与消费者卡位，而且卡得不错，如今苏宁进场，却要跟他们争夺客户，也有很大的难度。

另外，金融、物流，包括苏宁未来想做的其他衍生业务，都跟开放平台有关。在外界看来，涉足银行业也是苏宁的一个转型信号。对于此前被传涉足银行业，苏宁发布公告称，公司已经向有关部门递交设立银行的意向方案。与布局物流一样，布局金融也是苏宁互联网化转型的一部分。这一切，都与苏宁高调宣布的开放平台具有内在关联性。转型互联网，打造新的模式，最主要的就是培育作为互联网公司的新的利润增长点。

那么，苏宁的盈利点到底在哪里？根据苏宁的说法，他们放弃传统的平台使用费、技术使用费、佣金，通过物流服务、金融服务、推广服务、数据服务等形式盈利。比如，线上线下都有品牌展示、推广的价值，但想建立品牌的企业都希望在门店核心位置展示样品，这样可以收取展示费用。再比如，苏宁可以向商户分享大数据，支撑它的设计、生产、订单、精准营销等。对客户来说，苏宁可以提供消费金融服务；对供应商，可以提供供应链融资、小贷服务。物流资源也可以开放，过去物流是苏宁的成本中心，开放后可以成为利润中心，即使利润贡献不大，也可以把成本转嫁出去。

梦想很美好，但梦想照进现实还需要时间。盈利点有了，什么时候能看到成效？这个事情不好说。目前苏宁金融、物流、数据等服务对营收的贡献还很小。苏宁把这一年叫作互联网元年，意味着苏宁转型结束，但是转型结束和转型成效还不是一回事。在转型期，苏宁不会以过去线性思维考虑问题，开一个店赚多少钱，开两个店赚多少钱。首要的问题是战略方向要明确，即到底做什么，制定了明确的战略之后，全力推进转型，盈利是自然而然的事情。现在谈盈利太早了。开放平台的价值带动力有多大，在于它的规模有多大，只有规模才能支持梦想。

苏宁的转型，引来机构关注。从各家机构发布的苏宁调查报告发现一个有趣现象，一半明媚，一半黯淡，业界对苏宁这个"大象级"企业的全面转型讨论颇多。

对于转型的前景，苏宁高层领导在弘毅投资年会上的演讲，给出了冷静的回应。转型时期，企业要肯定已取得的成绩，但不能留恋过去的成功，要正视现实的问题，不能屈服于未来的挑战。

大家都知道，线上线下融合是大趋势，要真正投入运营，还需要给参与的商家带来真正的销售。对于O2O的发展，未来一定要有"量"的支撑，如果两三年之内做不到1加1真正大于2，商家也会有疑问……目前的现状是，苏宁开放平台的流量跟其他几家还有一定差距。也有人分析认为，苏宁开放平台要吸引用户形成购物黏性，从而让上游形成一个对某产业有影响的长久的供应商体系，下游形成对这个产业忠实的用户群，用户量、流量自然就上来了。苏宁仅在传统家电品类的购物黏性足够强，但其他品类的黏性还有一定的差距。

关注苏宁转型的人还提出很多疑问，比如苏宁转型看的是远景，但当前需要很多人才的支持，人才为什么到苏宁去？

作为传统零售企业，苏宁多年来秉承的是相对保守的公司文化，转型互联网公司后，强调求新求变、注重发扬个人创新突破能力，虽然苏宁极力推行文化创新，但前后两种文化基因之间会产生冲撞。支撑开放平台取得成功的关键因素包括后台供应商管理系统、大数据系统、移动系统、支付系统、流量系统，这些对苏宁来说，都需要时间来培育。如今，苏宁的转型架构已经搭好，剩下的交给时间去验证。

第二章 "一体两翼" 互联网路线图

苏宁正在积极实践云商模式，围绕"一体两翼"——以互联网零售为主体，打造O2O的全渠道经营模式和线上线下的开放平台，整合线上线下，拓展全渠道，全品类经营，做"电商＋店商＋零售服务商"。苏宁正沿着自己设定的"互联网路线图"，逐步从传统企业转型为互联网企业。

第一节　互联网"一体两翼"路线图释全貌

　　苏宁提出"一体两翼互联网路线图",明确了自己未来发展的方向是互联网零售,重点是O2O和开放平台,推出互联网化门店——"云店",并通过开放平台,将自身物流、信息流和资金流等资源全面向社会开放。

　　苏宁从传统零售企业向互联网零售企业的转型,改造路线已经清晰明确,就是系统地推进"一体两翼"的"互联网路线图"。"一体"是以互联网零售为主体,"两翼"就是打造O2O的全渠道经营模式、线上线下的开放平台。综合来讲,就是将线上线下的资源融为一体,然后按照平台经济的理念,最大限度地向市场开放、与社会共享,从而实现流通领域新一轮的资源重组与价值再造。

　　苏宁要把线上的便利性,与线下的体验功能完美地融合,把互联网的技术应用与零售核心能力进行对接,从而更好地满足供应链的优化和消费者的需求,形成可持续发展的商业模式。具体而言,一是要建立O2O融合的、多终端互动的全渠道经营模式;二是要回归零售的本质,建立全资源的核心能力体系;三是建立起开放平台的经营模式。

　　截至2013年,苏宁在零售行业已经探索了23年,历经物质匮乏的短缺经济时期、供大于求的激烈竞争阶段,以及参与全球竞争、互联网技术竞争时代。苏宁从个人创业起步,发展成了在海内外拥有1600多家连锁店，线上线下年销售额 2300 亿元的现代零售企业集团。

其实，苏宁早在 2008 年就明确提出了在互联网背景下，零售业要想服务好客户，必须要转型，这是生存下去的必经之路。现在苏宁的实施路径已经完全展现出来了，那就是系统推进"一体两翼"的"互联网路线图"。

在 20 世纪 90 年代末，以苏宁为代表的一批零售连锁企业蓬勃发展，连锁经营成为我国商业发展的第一次转型变革的浪潮。

苏宁在这次转型的过程中，一直把握零售的本质和连锁的核心，在循序开展全国市场连锁渠道布局的同时，坚持信息流建设带动组织流程优化，坚持物流发展带动供应链效率提升，坚持服务完善带动客户体验升级，通过这样的后台优先发展战略，实现了苏宁连锁经营的成功发展。

随着互联网的高速发展，电商促成了零售业的第二次变革浪潮。苏宁易购开始上线，发力电子商务。经过几年的探索实践，苏宁越来越感受到，传统电商虽然对实体零售产生模式冲击、销售分流，但电商不可能完全替代实体经营，两者之间应该是相互融合、相辅相成的关系。传统电商平台存在的不足包括商品性能展示不充分、商户信息不对称，不能满足消费者立体式购物体验，无法全面地服务商户、培育品牌。

在各行各业开始步入移动互联网时代时，据有关数据显示，中国移动互联网用户数量达到 8.2 亿，智能手机年销量达 2.7 亿部。移动互联网给人们的生活、工作带来的绝不仅仅是网购趋势的加强，而是翻天覆地的变化，这给零售业带来了巨大的发展契机，并推动形成现代零售业变革转型的第三次浪潮，也就是互联网技术支撑下的 O2O 模式。

苏宁正在实施的云商模式，就是对互联网零售的具体诠释，"电商＋店商＋零售服务商"就是苏宁云商。苏宁坚持继续发展实体门店，作为互联网时代 O2O 融合零售的核心一环，其在进一步优化店面布局的基础上，以消费者的购物体验为导向，全面建设互联网化的门店，将原先纯粹的销售功能，升级为集展示、体验、物流、售后服务、休闲社交、市场推广为一体的新型实体门店。

这种门店会开通免费 WiFi（允许电子设备连接到一个无线局域网的技术）、实行全产品的电子价签、布设多媒体的电子货架，还会利用互联网、物联网技术收集分析客户的各种消费行为，推进门店零售进入大数据时代。

苏宁在北、上、广、深等一线城市，推出第一批 1.0 版本互联网门店——"云店"，在全国进行加速复制，并逐渐开始向二三线城市推广，成为零售商与消费者之间的新型沟通、互动的桥梁；同时，苏宁积极推进移动互联网和家庭互联网的发展，要把门店开到消费者的口袋和客厅里去，为消费者提供一个融合的全渠道购物平台。这需要其做到以下三项：

一是转型经营要把握行业的本质。零售业从本质上讲是从事商品流通服务，转型方向要从提高流通效率、满足顾客个性需求着手。在转型过程中，技术归根结底只是工具而已，过去谈顾客是群体概念，现在有了互联网工具，企业可以把握每一个消费者的行为数据，挖掘到每个人的个性需求；过去的服务局限于人与人、面对面的服务态度，而在互联网环境下的企业是全方位对消费者开放的，消费者即使到实体门店，也可以通过参与企业的购物、支付、配送等流程，以便更深切地体验到企业的服务内容和品质。互联网本质上是一种工具，当企业掌握了这个工具，在运用过程中还是要回归零售的本质，即整合物流、信息流和资金流，高效地实现三流合一。

二是转型需要坚守企业家的创业精神。转型时期，企业要肯定已取得的成绩，但不能留恋过去的成绩；要正视现实的问题，不能屈服于困难的挑战。转型是掌握新工具、获得新能力的学习过程，出现无法逾越的难题是正常的，需要搞活思想、开动脑筋，这就更加需要坚持、坚守企业家的创业精神。

三是所有的转型最后都要固化成团队的文化。因为只有文化上的转型，才是真正意义上的精神传承，成为融入员工的血液里的基因，成为自发的、自觉的内在驱动力。企业处于不同的时代，会形成时代文化的印记；企业运用不同的技术工具，会形成不同思维文化的定式。所以，在互联网环境下，企业文化既不能一成不变、故步自封，也不能全盘否定、推倒重来。互联网零售的文化特征是注重用户体验，用开放分享的思想重塑价值链，用平等的企业氛围促进创新。苏宁要做互联网企业，就必须积极吸纳和学习互联网优秀的文化元素，同时传承苏宁优秀的文化内核，互相融合，形成苏宁新的互联网企业文化体系。

为此，苏宁实行了一系列包括事业部组织变革、目标计划管理、员工内部创新机制等措施。其中一条主线，就是更加强调和倡导员工的自主创新能力、小团队协同能力，以及自主管理目标的能力，重视以人为本，强化员工的自我管理、自我驱动意识，发挥每个人的创造力，提升工作效率。

第二节 "一体两翼三云四端"促商业零售变革

对于任何一家企业而言，互联网只是一种工具。在过去的几年中，苏宁的转型经验概括起来就8个字：一体、两翼、三云、四端。

"一体"，就是要坚守零售本质。不管零售行业如何变、渠道如何变，苏宁始终坚守顾客服务、商品经营的零售本质，并充分运用互联网、物联网、云计算等新工具，创新商品经营模式和服务顾客方式，实现科技零售和智慧服务。

"两翼"，就是打造线上线下两大开放平台。线上是苏宁云商平台，向全社会开放企业前后台资源，建立品牌商品与品质流量的良性互动；线下苏宁云店，围绕本地生活全面开放，集展示、体验、服务、引流、销售于一体，营造人们生活的空间、顾客服务的场景。

"三云"，就是围绕零售本质，把零售企业的"商品、信息和资金"三大核心资源社会化、市场化，建立面向供应商和消费者，以及社会合作伙伴开放的物流云、数据云和金融云。苏宁指出，企业资源云化，既是观念的突破，也是技术的突破，更是企业商业模式和盈利方式的突破。

"四端"，就是围绕线上线下两翼平台，因时、因地、因人，融合布局POS端（销售终端）、PC端（个人电脑端）、移动端、电视端。这样，就相当于把互联网的门店开在商场、小区、写字楼，开到客户的办公室、家里和口袋里，开在销售、客服和物流人员的手中。

在"一体两翼三云四端"思路的指导下，苏宁并未变"轻"，而是越来越"重"。苏宁宣布，计划到 2020 年将门店数量扩张到 3500 家，不过门店组成结构会发生很大变化。苏宁电器收购了日本老字号家电百货连锁企业——乐购仕 51% 的股份，成为控股股东。新一代实体零售门店——苏宁 Expo 超级店迎来第一批客人。

相关人士评论，苏宁超级店 Expo 与乐购仕只不过是苏宁线下多品类经营的试验田，易购才是转型的引擎，它可以最大限度地降低多品类经营的试错成本。在品类扩充上，易购按照"先易后难"的规则，从图书、日用品、百货，然后到商旅、酒类、保险（放心保）等，后期医药、食品都将列入拓展行列。为了支持苏宁易购的发展，苏宁不惜大手笔融资。通过定向增发 47 亿元、发行公司债 80 亿元，一共融资 127 亿元。弘毅投资以每股 12.15 元的价格认购 9876.54 万股，共投资 12 亿元。张近东拿出 35 亿元参与定向增发。在股东大会上，80 亿元发债计划获得股东 99% 以上高票通过，更是让苏宁吃下定心丸。

47 亿元定向增发的融资，主要用途是搭建多层级物流架构。2015 年，苏宁投资约 120 亿元，在全国建设 60 个现代化的大型物流基地，12 个小件自动化拣选中心（第四代）。80 亿元公司债主要用于苏宁采购模式、研发平台、物流运营体系的创新和优化。

但由于审批造成的滞后，到正式实施定向增发时，苏宁股价下跌了 30% 以上。按照当时的市值计算，35 亿元已经蒸发了 50% 以上。为了应对股价下跌造成的质押品不足，张近东又将个人持有的 4.42 亿股公司股票质押给了信托投资公司。他说："我在美国见过巴菲特，他把钱夹子伸出来给我，他这种举动的意味是，零售业的发展是一个长跑马拉松，应该关注长远。"

虽然看起来是孤注一掷，但张近东不认为自己在"赌"，一切皆在掌握之中，他说："苏宁线上、线下的发展都是基于系统考虑，我们是有能力地顺势发展，不需要赌，也没有必要。苏宁是一家优质的上市公司，如果我的企业没有风险，我个人的投入有什么风险？"

苏宁在向O2O转型过程中，动作更加频繁。

2015年1月，苏宁第一家自营线下服务站，在江苏宿迁洋河镇开业。与顺丰嘿客便利店一样，店内商品主要以二维码展示为主，品类丰富，同时还提供部分实物商品，供用户体验和试用。实际上，苏宁易购服务站早已经启动，目前已有1000多家门店。自营服务站内还提供各种便民的服务，比如免费贴膜、免费充电、免费雨伞租借等。

同时，苏宁宣布全面进军商超O2O领域。与京东、顺丰、阿里巴巴一样，苏宁看到了超市O2O的巨大市场潜力。苏宁超市以餐饮、进口商品、时令生鲜等时尚的品类为主，90后是其主要目标人群。苏宁超市主要基于苏宁易购，同时还有几种不同的实体店。同年3月5日，苏宁超市还在上海、杭州两地上线生鲜产品"苏鲜生"，探索生鲜O2O模式。

同年4月，苏宁众筹上线。这是继百度众筹、阿里众筹、京东众筹之后的一个众筹平台。与其他众筹平台类似，苏宁众筹也是使用团购＋预购的形式，发起众筹的个人或公司利用互联平台，为项目募集资金。苏宁众筹平台上主要有科技、设计、文化娱乐类众筹项目。

同年8月，苏宁在南京总部举办的首届"互联网＋零售紫金峰会"上，与阿里巴巴共同宣布：阿里巴巴以约283亿元人民币战略投资苏宁，占发行后总股本的 19.99%，成为第二大股东；苏宁以 140 亿元人民币认购不超过 2780 万股的阿里新发行股份；双方将共同布局 O2O 与移动互联生态，打通 O2O 渠道，实现双方线上体系与线下服务点无缝对接，整合菜鸟物流与苏宁物流，未来还将推动开放物流平台。在 O2O 新商业大势所趋的大背景下进行配合，为中国乃至全球消费者提供更加完善的服务，引领中国零售行业变革提效。同时，苏宁易购旗舰店正式入驻天猫。

苏宁的 O2O 不仅仅体现在建立商城、投资入股其他互联网企业方面，其线下门店的互联化更是非常重要的一部分。为了给客户提供更佳的体验，苏宁在线下门店做了很多的尝试，改变了传统线下门店的形象。

首先，开放门店拍照。由于电商的冲击，在购买大件物品时，消费者希望能够现场体验产品，同时又因为网上购物价格的优势，不少百货商超实体店都沦为电商的线下体验店。商家为减少损失，只能禁止消费者在门店内拍照。互联思维崇尚的是开放与免费，致力于转型 O2O 的苏宁，选择了放开门店拍照的限制。

其次，门店销售流程的全面互联化。传统的门店受限于空间的大小，储存、展示和销售的商品有限。而全面互联化后的门店，则可以不受限制地展示所有苏宁易购平台上的商品；客户既可以通过导购员的讲解，又能通过商城了解到商品的信息、客户评价等；多种自助及移动支付方式，让消费者不用排队等待。同时，客户上网购物时，还可以选择在最近的门店内提货等。

最后，营销的互联化。转型 O2O 的苏宁在营销上做了很多探索。比如用免费贴膜把消费者引流到门店内。保护膜的成本很低，需求量却越来越大，消费频次很高。苏宁用免费这一颇具互联思维的方式，取得了消费者的欢迎和认同，同时也让消费者无形中产生了对苏宁的好感。

另外，苏宁每年会在 11 月份举办线上线下融合的苏宁 O2O 购物节。在商品、价格、活动、数据、体验、入口、服务等方面，实现线上线下协同，为消费者打造全渠道购物方式。

第三节 O2O 模式，"门店到商圈 + 双线同价"

O2O 即 Online To Offline（在线离线/线上到线下），是把线下的商机与互联网结合，让互联网成为线下交易的平台，这个概念最早产生于美国。O2O 的概念非常广泛，既可涉及线上，又可涉及线下，通称为 O2O。

实现 O2O 营销模式的核心是在线支付。这不仅仅是因为线上的服务无法装箱运送，更重要的是：快递本身无法传递社交体验所带来的快乐。但如果能通过 O2O 模式，将线下商品及服务进行展示，并提供在线支付"预约消费"，这对于消费者来说，不仅拓宽了选择的空间，还可以通过线上对比，选择最令人满意的服务，以及依照消费者的区域性享受商家提供的更多贴心服务。

移动互联网带来的不仅是客户网购习惯的改变，还推动了零售业第三次变革浪潮，互联网技术支撑下的 O2O 模式将零售行业的三要素，即物流、资金流和信息流高效整合，最终实现三流合一。

苏宁的 O2O 模式是以互联网零售为主体、"一体两翼"的互联网转型路径。苏宁利用自己的线下门店以及线上平台，实现了全产品、全渠道的线上线下同价，帮助苏宁打破了实体零售在转型发展中与自身电商渠道左右互搏的现状。

O2O 模式下的苏宁实体店，不再是只有销售功能的门店，而是一个集展示、体验、物流、售后服务、休闲社交、市场推广为一体的新型门店——云店，店内将开通免费 WiFi、实行全产品的电子价签、布设多媒体的电子货架，利用互联网、物联网技术收集分析各种消费行为，推进实体零售进入大数据时代。

苏宁在发起的"百日会战"中，O2O 模式优势凸显，在"双11"时，苏宁发起第二届 O2O 购物节，推出门店、网站、手机、电视"四端协同作战计划"，取得了一定成绩。

据广州苏宁销售数据显示，同价首月以来，苏宁整体销售同比增长30%，实体门店的人流量较以往增加了近 4 倍；在品类方面，自同价以来，手机、数码、电脑在实体门店的平均价格，仅下降了 5% ~ 10%，这与 3C 厂商在原本线上线下两个渠道的产品定价方面，并没有采取太大的价差策略有关。尽管相比降幅明显的传统品类，3C 的价格下降并没有体现出太大的优势，但整体销售额却有了 54.5% 的提升，跑赢整体品类增幅。

广州苏宁总经理任伟认为，"同价"实施后，纯电商价格已经失去了优势，相反实体门店在 3C 产品体验和服务的优势，得到了很好的凸显。此外，线上易购受益于线下门店的引流，尤其是在"618 活动"期间，3C 订单量也大幅提升，同比也提升了 3 倍多。

苏宁以互联网零售为主体、"一体两翼"的转型布局，已逐渐站稳了脚跟，并迅速进入效益凸显期。其中，作为传统零售企业转型互联网零售的代表，苏宁的"自营 O2O 模式"在"百日会战""双11"中初见成效。

例如，河南苏宁在"一体两翼三云四端"的核心指导下，公司内部提出的"激进、践行、创新、归零"八字方针，稳定而高效地发展。

这个方针打破了常规，加速了苏宁互联网门店在河南落地开花，推进了河南市场 O2O 融合的发展。苏宁易购德化云店开业后，成为河南苏宁 O2O 转型的升级之作。德化云店致力于打造吃喝玩乐一体化的生活驿站，以消费者的购物体验为导向，将原先纯粹的销售功能，升级为集展示、体验、售后服务、休闲社交、市场推广为一体的新型实体门店。河南苏宁在集团"一体两翼三云四端"的核心指导下，创造出了很大的业绩。

河南苏宁在"激进、践行、创新、归零"的八字方针指导下，以互联网零售为主体，打造 O2O 的全渠道经营模式、线上线下的开放平台，经营品类涵盖家电、3C、百货、日用、图书、美妆、母婴、虚拟产品等全品类，引领中国零售业变革。河南苏宁围绕平台、商品、服务全方位实现大提速，深耕农村市场，新开易购直营店 57 家，O2O 竞争优势逐渐加强，致力打造先进的互联网零售企业。

河南苏宁更注重会员的情感营销，提倡开展"不以销售为目的的品牌活动"。

针对不同的群体，在门店落地品牌活动中，河南苏宁提倡提升会员体验，增强会员黏性，从情感上获得会员的信任和喜爱。特别是自苏宁易购德化云店开业以来，云店餐饮课堂、摄影课堂等一系列的品牌落地活动效果突出，收获了一批忠诚"云粉"，培养了苏宁的铁杆消费群体。

河南苏宁领导者有着敏锐的洞察力，在五一、十一、"双 11""双 12"等重大营销节点抓准时机出奇制胜，占得先机。

苏宁云店真正融合了线上、线下渠道，云店场景式体验区设置，能够打通线下体验和线上销售，通过服务和专业能力满足顾客需求，弥补了传统电商先天存在的缺陷，为消费者提供极致的服务体验。

　　苏宁棉纺路店在西区商圈市场份额占 70%，实现新突破。棉纺路店通过歌咏比赛、厨艺大赛、绘画大赛等多种落地活动为门店引流，打造会员福利，成功实现销售转化。在顾客群经营上，棉纺路店通过多场线上活动实现品牌传播，建立顾客微信群，利用互联网思维维系会员情感，通过优质的服务和负责的态度赢得顾客信任，成为西区金牌卖场。

第三章　进行组织再造

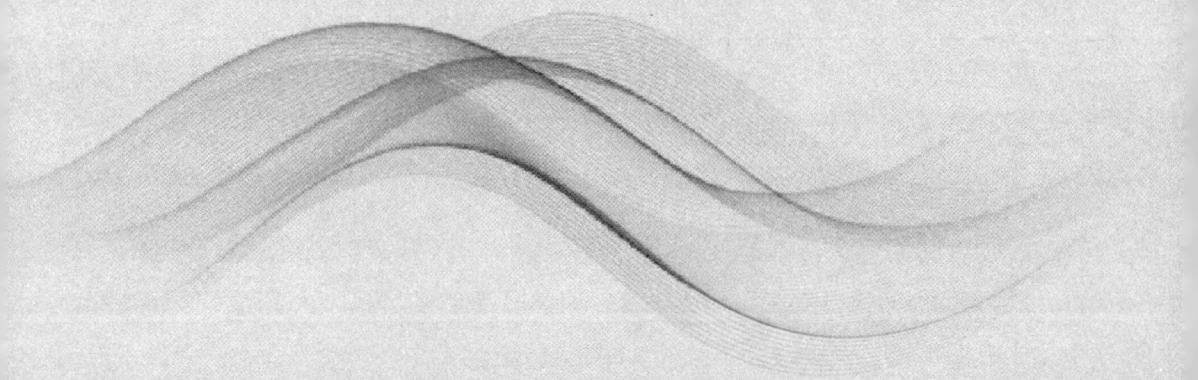

苏宁进行的组织再造，即通过建立一个全新的组织结构和一整套制度体系来实现连锁中国的目标。组织变革牵一发而动全身，障碍和阻力之大难以想象。而张近东对于苏宁组织再造之路的看法是："苏宁的组织变革一路下来，没有对错之分，只有合适与否，对有效管理的追求没有止境，组织再造和创新就是永恒的。"

第一节　组织变革之路

实践证明，治疗"大企业病"的最佳措施是实施组织再造，即根据企业面临的新的内外部环境和新的战略方针，重新调整企业内部的组织使命和发展方向，重新界定组织的功能与职责。在此基础上，重新构建符合内外部环境要求的组织结构，优化和规范组织的运行规则，建立和实施严格的考核激励制度，使企业中的每个人在新的组织中重新定位，按照新的目标和原则去调整自己、再造自我。组织再造的最大作用是，许多人由适应所导致的疲惫、麻木、缺少激情，转变为不适应——由此带来的压力挑战，从而激发潜能与活力。组织再造的最终结果，是使企业的发展既有强大的推动力，又有足够的控制力。

在全国一直实施连锁经营方针的苏宁，其经营规模和空间的日益扩大，面临着如何有效地整合管理、人才、品牌、价格、服务、物流、商流、信息流等问题；其既要从中小型企业管理模式转变提升为大企业管理模式，又要有效避免"大企业病"的问题。苏宁必须做的一件事，就是进行组织再造，即通过建立一个全新的组织结构、一整套制度体系来实现连锁中国的目标。

苏宁在实施全国连锁战略后，势必要求整个组织进行调整，以支持新战略的成长。从当时组织变革的策略来看，苏宁一方面要通过组织再造，克服企业从小长到大的普遍问题；另一方面还要通过对连锁战略的明确，去构建符合行业特性的组织体系。这两个方面的交错影响，推动了苏宁整个组织体系的螺旋式改变。

其实，苏宁有着所有大企业面临的问题。在创业初期，苏宁的领导者善于把握机会，凭借敏锐的商业眼光，预测到行业的发展趋势，依靠个人能力创造、积累财富和取得繁荣，这也是很多中国民营企业领导者共同的过人之处。但随着企业规模的扩张、经营空间的拓展，企业原有的、过于依赖创业者个人能力的成长方式，已经无法适应新的竞争形势的需要。转变企业成长模式，紧紧依靠战略能力、组织体系的力量获得持续增长，则是苏宁这样的民营企业实现做大做强、可持续发展目标的必经之路。反之，如果继续沿用已有的成长模式、组织方式，就必然会碰到企业成长的"天花板"。

苏宁的组织成长过程是中国零售企业发展的一个标本，它在成长过程中所遭遇的问题具有一定的典型意义。事实上，我国企业组织普遍存在以下的问题，正是这些问题导致了企业发展的"撞墙效应"和不断衰退。

大多数企业还处于无序的组织管理状态。企业长期以业务为导向，忽视组织管理建设，企业没有形成强大、有效的系统管理架构，长期依靠企业家的本能和个人直觉，靠粗放式的单兵作战去响应与争夺市场。即"人治"多于"法治"，制度建设滞后。其典型特征或是部门虚设或是部门设置随意，职能边界不清，业务流程不畅，责任、权力、能力、利益不匹配，部门间协同效应不足，企业整体执行力欠缺；而企业家则从宏观到微观，事事亲为，无疑成了"诸葛亮第二"。

许多企业的组织建设，不是基于"战略决定组织"的原则，战略与组织常常处于分离或错位的状态。由于企业家对战略的重要性认识不够，或是缺乏明确的战略定位和切合实际的战略目标，或是经验管理往往超越于组织管理之上，因此也就无法按照战略目标和未来的发展方向，形成基于战略的组织架构、有效的资源配置模式，最终致使组织建设无法快速响应、有效支撑业务发展的需要。

大多数企业缺乏内在的自我变革能力。环境发生变化时，企业或是意识不到，或是由于组织惯性、稳定性的存在，组织无法适时进行调整与变革，或者视而不见，奉行"以不变应万变"的原则，最终导致企业组织无法适应市场变化，从而遭遇成长瓶颈，业务发展则趋于衰退。

大多数企业缺乏开放、灵活的组织文化。员工之间、员工与管理者之间缺乏信任和沟通，保守有余，开放不足，导致员工士气低落，出工不出力的现象大量存在。同时，组织对于创造行为和僵化行为不能明确辨认，绩效评价标准模糊，组织文化无法有效整合个人目标和企业目标。

以上问题几乎在当时苏宁的身上都有不同程度的体现，都能找到类似问题的影子。苏宁明确了将会阻碍组织进一步成长的几个关键问题：

（1）管理人员意识观念不到位，能力和水平亟待提升。

（2）公司内部业务流程低效。

（3）公司营销、采购部门等重要部门职能界定不清。

（4）公司组织不能够支撑大规模连锁拓展。

（5）公司管理标准化、体系化程度不够。

（6）组织文化和形象需要重新塑造，并形成规范化的表述。

苏宁在向规范化管理企业变革过程中，必须要解决以上企业成长的普遍问题。那么，在商业连锁企业特定的战略下，它还同时面临行业规则、客户服务导向下的组织体系再造的重要任务。

苏宁把战略定位在打造以服务为导向的连锁全国网络服务品牌，在这种战略方针指导下，组织的目的就是要支撑苏宁的全国连锁战略和服务战略的运营。根据组织设计理论，组织结构的变化和变迁主要受产品、地域、客户和运作模式等几种因素影响。苏宁以往专注于空调营销，地域范围不广，而现在则是经营综合电器，并且要构建以服务为导向的全国连锁体系，这就对苏宁组织提出了以下要求：

（1）要能够满足跨区域扩张和管理需要。

（2）要能够满足多品类经营需要。

（3）要能够满足连锁经营的标准化拓展需要。

（4）要能够满足消费服务导向需要。

（5）要建立在运用现代信息系统的基础之上。

苏宁组织成长中的普遍问题、特定战略导向下的特定问题，将会严重制约苏宁达到管理规范化的目标，并且阻碍苏宁接下来大规模的全国连锁拓展步伐。因此，苏宁决定，紧紧围绕以服务导向的全国连锁战略目标，对组织体系进行彻底的变革和再造。

当然，想对"大象"实施变革并不是轻而易举的事。其中会牵涉管理需求准确界定、业务的取舍、权力的动荡、利益的重新分配、管理意识和水平的提升以及对于变革阻力的克服。苏宁知道，改变一个人的缺点是困难的，同样，改变一个企业的坏毛病、坏习惯也是最困难、最痛苦的。于是，苏宁对几个高管明确表示：此次组织调整，包括业务的取舍，理解的要执行，不理解的要先执行后理解；对的要执行，错的先执行再纠正。

同时，为了保证组织再造能够顺利推进下去，苏宁未雨绸缪，向公司全体高管人员明确了以下几个"再造原则"：

（1）组织架构的设计和运行必须基于战略的目标，满足战略的要求。

（2）组织决定人力资源。人力资源体系调整的重心是使责任、权力、利益、能力相匹配。

（3）业务流程同步梳理、改进、细化。

（4）调整与细化不同层级的授权、考评和激励制度。

（5）组织结构的变革和组织文化的再造同步进行，通过结构的调整来创造、发现组织文化变革的时机，同时，亦通过对文化的继承、扬弃来为组织变革开辟道路。

（6）为变革本身提供全面而充分的组织、资源保障，如自己的全程参与和强力推动。

（7）充分考虑信息技术的跟进和支持。在这样的变革思路下，苏宁首先重新分离了采购和销售两大关键职能，并对其进行了清晰的功能和职责界定；对整个公司的业务流程也进行了系统、深入的价值分析，并在此基础上重新优化和提升了关键业务流程；在纵向的管理程序、横向的工作流程两个维度上，进行了科学合理的分工和授权，并形成了系统规范的岗位管理体系。这样，苏宁赖以进一步成长的规范化管理平台得以建立。

为了达到组织变革的目标，苏宁在电器行业内最早构建了"总部—大区—子公司"的大区管理体制。与此同时，苏宁意识到，连锁经营稳健、快速发展取决于一个完善的后台管理体系，企业如果只重视门店的开拓，将没有未来。因此，苏宁每到一个城市，一般只设立一个点，然后搭建管理后台，待到平台完成到足够支撑运营之后，苏宁才会继续在同区域开店。这样的拓展方式又导致了苏宁"四大终端"——店面、客户服务中心、配送中心、售后服务中心的组织结构。

再造后的组织体系，有效地支持了苏宁全国连锁的战略推进，并且在组织内部沉淀了一整套标准化的管理制度、流程体系，在这样一个具备前瞻性、规范性的组织管理平台上，苏宁的连锁步伐得以稳健前进。此次组织再造，帮助苏宁突破了成长的管理瓶颈，同时也满足了苏宁大规模连锁拓展的要求。但是，这次成功变革的意义远远不止于此，更重要的是，苏宁在这次变革中，探索出了一套依靠内驱力推动组织变革的框架和路径。变革成果本身虽然很重要，但获得某种面向未来的组织变革机制则更加重要。在此，我们可以在一些管理工具的基础上，描绘出苏宁组织变革的两个系统：一个是组织再造的内容结构，另一个是变革本身的路径结构。

关于组织再造的内容结构，就是苏宁几个"再造原则"的整合：根据战略的要求，以信息技术的有效利用为基础，通过充分的资源保障和有利的文化氛围的营造，对组织架构、业务流程、业绩考核三个关键要素进行整合，全面提升管理水平。

失败一定有原因，成功一定有方法。应该说，苏宁这次组织调整遵循了上述变革的关键成功要素。因此，尽管当时内部阻力之大足以使调整流产，管理意识和能力的不到位，又使得新组织难以很快运行，但在调整之前，苏宁就将诸多阻碍因素考虑充分，并且依靠自身的能力推动组织调整，所以这次调整非常彻底，达到了预期的变革目标。

组织再造是苏宁的第一次管理裂变，而恰恰是这次裂变造就了规范企业和衰落企业的分水岭。面对成长的难题，苏宁以变革之心、创新之行求突破，完成了"稳定"到"激活"惊险的一跃。张近东说："我们的问题天天都有，但是我们的解决方案也是日新月异，这样就保证了我们在前进的道路上几乎没有遭遇过重大的挫折，我们有解决问题的机制。"

成功的组织变革需要未雨绸缪，确立正确的变革途径，并系统思考相关影响因素，通过人与组织的合二为一，最终统一组织愿景和个人目标。

"解决问题的机制"是一种变革的原动力、目标导向和基本框架，在这样的一个基本机制下，企业就可以动态地面对市场环境、内部资源能力的变化，及时发现问题、规避问题、解决问题，持续走向坦途。不幸的是，很多企业满足于一时的繁荣，丧失了明辨是非和锐意进取的意识和能力，"乱花渐欲迷人眼"，简单复制，盲目扩张；故步自封，思想僵化，把偶然当必然，把机遇当能力。于是，就出现了中国企业生生死死的一幕又一幕。

在这种情形下，苏宁连锁步伐再次提速，新开了 167 家门店，进入了 7 个新区域的 20 多个城市，在全国 100 多个城市中拥有了门店。原来的管理模式已经无法适应苏宁发展的要求了，于是，苏宁又开始新一轮大刀阔斧的架构调整。

此时，苏宁面临的挑战在于，一方面，由于苏宁已建成的物流、服务体系的辐射半径尚未覆盖大部分新城市，因此苏宁在不断设点的同时，还要筹建新的管理单元；另一方面，苏宁的全国布局系统也要求苏宁的物流体系进行快速的转型。在过去，苏宁重视仓库大小以及囤货带来的超额利润，现在，苏宁的目标是建立一个高效智能化的后台配送体系。最后一点是，在过去，苏宁在每一个独立的地级市都设立了一个独立的公司，这些独立的公司无论在当地开设几个门店，都会针对每一个门店建一个配送后台。但面对全国的连锁网点，这样的组织设置太分散了，在店面数量剧增的情况下，对应的配送后台就会造成巨大的管理难度。因此，苏宁现在需要对已有的庞大的分散体系进行精简和整合。

苏宁的组织变革已经远远超越了内部管理，标志着整个家电连锁行业由粗放型管理向集约型管理的转变。

新一轮的组织变革正在大刀阔斧地进行，整合、重组、精简、扩张开始成为这场组织再造的核心词汇。从变革进程来看，部分组织架构在经历一系列变迁之后，又回到了初始状态，不过，此一时，彼一时，同样的组织形态背后蕴藏着截然不同的管理思维、管理方式、业务模式、规则体系。

第二节 "单渠道——全渠道"的组织变革

苏宁实行组织变革，并不是在近几年开始的，早在多年前就实施了第一次重大的战略转型，从以批发为主转向零售为主、从单一品种经营（空调）转向多品种经营（综合家电）。

随着空调市场的供求关系发生了根本性逆转，供大于求的局面使产品利润率下降，导致批发环节的毛利也越来越低。同时，市场空间也受到了上游厂商"渠道扁平化"策略的挤压（许多空调厂家直接延伸到零售终端），很多批发商因此转行或倒闭。此时，苏宁开始了第一次重大的战略转型，从以批发为主转向以零售为主、从单一品种经营（空调）转向多品种经营（综合家电）。此后，苏宁先后在北京、上海、广州、合肥、徐州、常州、无锡、镇江等地区，发展了30多家空调店铺，并尝试开设综合电器商店，解决了单独经营空调的季节性风险。

接下来，苏宁实施了第二次重大的战略转型，即"分店—连锁"的组织变革；几年后又实施了第三次战略转型，即"单渠道—全渠道"的组织变革。

伴随着全国连锁战略的实施，苏宁开始了第二次组织变革，其指导思想是"专业化分工，标准化作业"。

首先，建立规范化的管理平台。把采购和销售两大关键职能进行剥离，并对其进行了清晰的功能和职责界定；重新梳理和优化了关键业务流程，以保证流程的规范性，满足连锁经营需要；在纵向的管理程序和横向的工作流程两个维度上，进行了科学合理的分工和授权，从而形成规范系统的岗位管理体系。

其次，构建"总部—大区—子公司"的三级组织结构，形成了总部、地区分公司和零售店铺的格局。在区域层面，苏宁着重建立完善的后台管理体系，形成店面、客户服务中心、配送中心和售后服务中心的"四大终端"组织结构，为区域的规模化拓展提供支撑。

但是，家电市场的竞争越来越激烈，苏宁的开店速度也越来越快，门店数量激增。为了配合如此高速的扩张节奏，整个组织和业务运营体系也必须同时高速运转。为了避免高速发展可能导致的管理失控，同时兼顾管理的一致性，苏宁再次对原有组织进行大规模整合、重组和精简。

这次调整后，苏宁的大区由 17 个增至 28 个，管理的地区、跨度进一步加大。在总部层面，原有的 14 大中心被整合后形成了 4 个总部，而人力资源管理中心、集团办公室以及战略规划部作为总裁办直属部门独立运营。

同时，苏宁开始了从一个传统零售企业向互联网企业的战略转型。随着互联网时代到来，电子商务拥有了越来越大的规模和影响，对传统零售行业的压力也越来越大。经过探索性改革，苏宁的转型达到了一个阶段性的高潮，与之相伴的是组织重大变革。

在苏宁的战略布局时期，也是其向互联网转型的关键时期。在这一阶段，苏宁把过去实施了两年的"沃尔玛＋亚马逊"模式调整为苏宁"云商"模式，即通过"店商＋电商＋零售服务商"模式，实现苏宁内部组织运营体系的大融合，从面对消费者的前端产品展示到后台的管理系统，真正让线上线下两大渠道的结合落地。

根据战略定位，苏宁开始走上了"一体两翼"的互联网转型路径，为配合这一战略规划，苏宁历时数月完成了从底层到总部的组织再造。专业、垂直、开放、融合、扁平、自主是苏宁这次组织调整的关键词，最大的变化是从原有的矩阵式转变为事业群组织。

在大区运营层面，苏宁把"大区—子公司—营运部"三级压缩为"大区—城市终端"两级管理，进一步扁平化管理，强化以大区为单位，针对全品类、全客群、全平台实施统筹规划运营。以重点城市市场为特征的苏宁大区建制，其数量从 44 个增至 60 个，城市终端由 100 多个增至 200 多个。变革后，大区运营层面实现扁平化的垂直管理和本地化自主经营。

在总部管理层面，苏宁明确了包含连锁开发、市场营销、服务物流、财务信息和行政人事五大管理总部，负责战略规划、标准制订、计划管控、资源协调。同时，在业务经营层面，他们组建了连锁平台经营总部、电子商务经营总部、商品经营总部三大集群，并下设 28 个事业部。同样，总部的组织变革，也意欲赋予各业务单元更多的经营自主权和灵活性。

运营层面变化最大的是，商品经营总部开始了全品类拓展。为此，它下设 17 个事业部，分别负责不同商品类目下的商品规划、采购、供应链管理，同时还包括品类销售和推广工作，以实现线上线下全面整合和统一管理。

之后，苏宁再次对运营层面的组织结构做出调整：将连锁平台经营总部（负责线下实体店经营）、电子商务经营总部（负责苏宁易购经营）进行了整合，组成新的大"运营总部"，对实体店、PC 电脑、手机和电视等线上、线下的销售实行统一管理，以及资源的彻底融合。

经过这样的调整，苏宁打通了组织、价格、商品和体验的四大壁垒，实现了"一体两翼"构想的落地。而对于那些从零起步的新业务，苏宁则成立了8个独立公司，让它们独立地在各个行业市场发展，等到时机成熟再确定整合方式。

第三节　三级组织结构，以大规模
连锁战略为导向

　　组织结构改革之前，苏宁如同一列行驶在高速铁路上的"火车"。以南京总部为"火车头"，全国分公司为一节节的"车厢"，只有一个动力源。为适应大规模建设的任务，必须由原先"火车"转变为"动车"的组织方式，改总部为"指挥基地司令部"。统一计划、目标、规范，统一指挥，统一控制，统一协调，地区管理中心是"动车头"，各子公司作为独立的"车厢"，执行既定的发展任务。这样的"动车"能够确保在一个区域内的纵深拓展，便于实行个性化的经营管理，同时在很大程度上有效地提高了终端反应速度及控制能力。

　　之后，苏宁提出全国连锁战略后，随着苏宁连锁事业在全国一轮又一轮的扩张，地域和经营品类的不断延伸给苏宁的管理造成了失控的局面。为了能够实现全国一盘棋的管理控制，根据连锁经营战略与体系运作要求，苏宁对自身的组织框架做了调整与优化。

　　以此为组织变革的导向，同时为了适应多元化、大规模、多职能管理，苏宁在管理结构上大胆创新，形成了具有行业与自身特色的"点、线、面结合的模式"、以苏宁总部为主体的专业分工、垂直管理体制的三级组织结构，形成了"总部—大区—子公司"的三级管理体制，如下图所示,有效地保持了全国的统一管理,并且在管理信息化方面走在同行业的前列。这样一种组织体系的建立,有效地避免了大企业在高速发展中失去控制与陷入混乱的危险,有力地保障和支持了苏宁在连锁发展方面的高速度与管理的一致性。

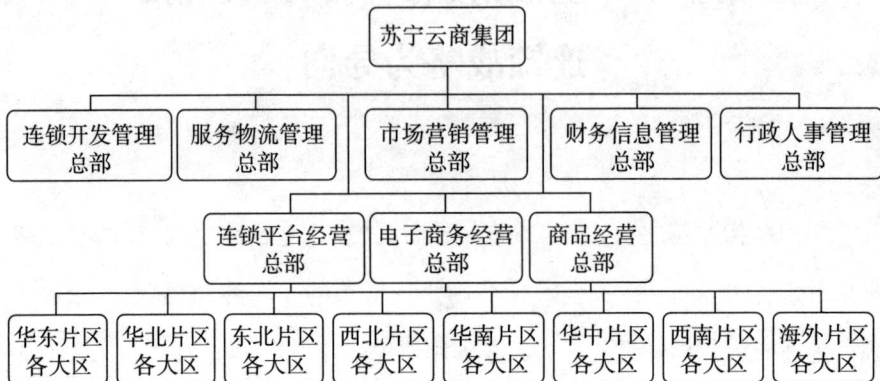

苏宁"总部—大区—子公司"的三级管理体制

"点"就是分布在每个城市的四大作业终端,这是苏宁经营体系的基本单元与实体平台,形象地讲就是连锁大网的"节点"。苏宁首次提出"四大终端"的概念,在全国连锁企业中第一次把物流配送中心、售后中心和客户服务中心三个后台终端提到了与连锁店面同等重要的地位,并且实现了四大终端分工专业化、作业标准化、机构模块化。

"四大终端"运作模式要求苏宁每进入一个城市,在筹备第一个店面的同时,同步建设物流、售后、客服三个中心,形成支撑连锁店面销售与服务的"铁三角"。苏宁的经营体系并不像其他连锁企业那样只是前台连锁店单兵作战,而是一个体系联合作战,"四大终端"各司其职、紧密配合、缺一不可。有了后台三个终端的强大服务支持,苏宁可以轻而易举地开出第二个、第三个乃至更多的店面。

"线"就是按照专业职能划分的上下一条线的垂直管理。横向专业化分工，纵向垂直化管理。经过调整和完善，苏宁确定了从营销、市场、连锁店，到人事、财务、行政、信息等 14 个专业化管理职能，14 个体系进一步融合，形成以总裁办、战略规划部、连锁发展部为核心的决策指挥体系，以商品进、销、存、送、装一体化职能为主要任务的经营作业体系，以人、财、物、信息等资源管理为主要任务的管理控制体系。14 个专业职能体系机构上层层对口，信息上快速沟通，管理上垂直落实，从总部到各地公司形成上下 14 条线，决策层的决策意图和工作指令，通过这 14 条线以最快的速度直达终端，所有基层信息能够迅速上传到公司的"大脑"。

"面"就是以地区为单位的统一组织、统一监督的大区管理体制。大区管理的主要作用是以总部制订的目标、计划与标准为准，在区域内的各项工作统一组织分工，统一调度各种资源，并监管执行过程与结果。实行大区管理体制后，整个苏宁变成了一支联合舰队，总部是旗舰，负责制订作战目标与计划，各个大区管理中心是分舰队指挥官，负责具体组织指挥，监督执行，各个公司是军舰，服从指挥，独立作战。大区体制下，苏宁实现了各个区域内的统一管理、资源共享，并最大限度地形成了一个地区内的规模优势，人力、物力相互支持，避免了各自为战。

第四节　服务网络管理体系，一个中心、两个同心圆

据苏宁发布的调查报告显示，如今消费者对服务的需求呈现出两大趋势：

（1）服务内容全面化。除了传统的配送、安装、维修等服务项目外，如今消费者更希望得到涵盖售前、售中、售后整个消费者生命周期的系统化服务内容。

（2）服务项目品质化。针对安装维修、配送等基础服务项目，消费者的要求也有了较大的提升。比如在产品配送方面，消费者希望可以享受到及时、守时送货，送货前主动联系，正确送货，开箱验货，摆放指定位置等细节化服务；在送货时间方面，消费者对平均送货到达时间的期望值为48小时内，3C、冰箱、洗衣机、电视普遍期望2天内送达，空调期望1～2天送达，生活家电期望当天送达。消费者可接受的平均送货时间偏差为两个半小时，55%的消费者接受两个小时以内的送货时间偏差，85%的消费者不能接受3个小时以上的送货时间偏差。

在安装环节方面，消费者则希望材料价格合理透明、服务人员专业且有责任心（材料齐全、熟练有责任心、安装后的调试介绍），并且有较强的时效性（按时到达）；在产品维修方面，消费者希望商家可以积极响应、

费用透明、携带的材料齐全、材质好；并向消费者介绍产品使用知识和注意事项，同时还希望维修人员着装规范、态度友好，这表明消费者对苏宁的关注正在提升。

另外，由于近年网络购物平台的高速发展，商家数量也如雨后春笋般迅速攀升。在网络提供便捷化消费的同时，服务意识、服务基础设施及人才培养、日常运营管理能力薄弱，成为许多商家的"致命伤"，因而一些侵害消费者利益、服务承诺不兑现的情况也屡有发生，据中国消费者协会相关统计数据显示，近年针对服务质量的投诉，呈高速增长态势。服务能力已成为限制许多中小型商家发展的"短板"，加强服务能力的建设已成为各商家考虑的"头等大事"。

作为消费者最关注的话题，提升服务能力说起来容易，做起来其实并不那么容易。全面提升企业的服务能力，其实对很多商家来说是一个巨大的挑战。首先，需要企业有强烈的消费者服务意识，切实关注消费者的实际需求，把服务"口号"从天上拉下来，切实落地、推进，要本着对消费者认真、负责的态度，真正把消费者放在第一位。其次，需要大量的资金投入，对现代化的仓储、物流、配送网络体系进行细致的建设，全面夯实服务"硬件"基础。最后，扎实的运营能力、完善的管理机制及与之配套的人才队伍的培训、培养，搭建配套的服务"软件"对全面提升服务品质也是必不可少的。

而苏宁则得益于多年成熟的客户服务经验，强大的线下物流、配送网络，在全面提升消费者的服务满意度方面有着先天的优势。为进一步提升企业的服务能力，苏宁还着力打造现代物流体系，并全面面向产业链开放，通过 12 个自动化仓储拣选中心、60 个大型物流基地、300 个物流转运中心以及 3500 个自提快递点，为供应商提供优质的仓储、配送服务；同时加强专业售后体系建设，加速售后网点资源整合，提高售后专业服务能力，并与供应商进行开放共享。

苏宁一直秉承着"服务是苏宁唯一产品"的理念，坚持"至真至诚，阳光服务"的宗旨，立足"专业自营"的服务定位，以顾客满意为终极目标。在苏宁看来，强大的服务能力已不只是提升企业核心竞争力的重要工具，更成为企业承担社会责任，切实履行社会承诺，做一个对社会、消费者负责任企业的重要保障。

苏宁的战略目标是打造中国最优秀的连锁服务网络。围绕服务为核心的经营管理体系的建立，苏宁经过三年多的探索与实践，一套思路创新、模式独特的管理模式，即"以顾客为中心的终端运行体系""以终端为中心的管理控制体系"等新的经营管理体系和全国服务网络最终形成，并进入全面细化、优化、固化阶段。

首先是以顾客为中心的终端运行体系。苏宁在推行以服务为核心的战略管理的进程中，经历了不断调整的过程。通过三年多调整，苏宁已经构建了一个稳定、固化的矩阵式组织架构，以连锁店、物流配送中心、售后服务中心、客户服务中心四大终端为基础平台，专业职能管理与地区管理相结合，形成了一个稳定的运行架构，这是一个中心、两个同心圆服务网络管理体系的核心平台。

承担商品的现场展示、销售与服务的连锁店。目前苏宁正在将全国各地的第二代传统综合连锁店，升级为第三代以3C为代表的连锁店，并根据区位不同与顾客群体不同，苏宁将店面类型划分为旗舰店、中心店与社区店。在布局上确保顾客能够就近方便购买到所需要的产品，将服务渗透到顾客的身边。

负责商品、配送的物流配送中心。苏宁坚持"自建体系、自主管理"

的配送方针，在北京、广州、杭州等重点城市建立辐射大区的物流基地。通过合理的物流布局，将商品在顾客期望的时间内送达目的地。

专门从事商品售后安装、维修的服务中心。苏宁立足服务品牌的定位，在售后服务上坚持"专业自营"的战略，建立了具有雄厚实力的自有服务网络。专业自营服务不仅是苏宁服务质量的重要保证，也是实行差异化定位、满足个性化需求的重要手段，还是苏宁长期发展的重要利润来源。随着连锁网络的建设，苏宁服务网点将同步推进。

负责服务受理与监管的客户服务中心。为统一顾客咨询、投诉的受理并加强内部服务的监管，苏宁建立了商品流通企业中首家以呼叫中心基站为平台，以 CRM（客户关系管理）为目标的客户服务体系。客户服务中心的成立，使苏宁的服务优势大大加强，面对顾客的服务需求实现了统一受理，"一个电话解决一切"；在企业内部，实现了对其他服务终端作业的统一监管。苏宁在全国 29 个城市建立了客户服务中心，拥有 400 多个服务区、5000 多名员工，日最高信息处理量达到18 万件。

其次是以终端为中心的管理控制体系。为确保连锁店面、物流、售后、客服体系的服务质量与效率，苏宁建立了营销、市场、财务、结算、人力资源、行政、信息等体系对服务提供基础的保障，并实施一系列的管理控制措施。

业务支持体系。为保证终端服务的正常开展，苏宁建立了以营销、市场策划、结算为主体的业务支持体系。营销、结算提供服务资源的贮备，是前端顾客服务的保障；市场策划则对服务信息进行整合，对品牌形象的树立、与顾客保持沟通等进行组织和传播。

后勤保障及控制体系。终端服务的开展需要必要的后备资源，为使服务的开展有足够的保障，确保达到 100% 顾客满意的服务目标，苏宁将人力资源、财务、行政、人事、信息作为服务的保障体系，主要对服务人才的储备、作业服务设施工具的准备、信息的流畅等进行控制与管理，在保证最大限度满足顾客服务需求、确保服务质量的同时，降低经营成本，实现服务价值最大化。

第五节　组织运作"四化"管理

战略决定组织，组织保障战略。对苏宁来讲，连锁战略能否顺利实施，达到预期的目的，不仅取决于能否有一个科学合理的组织结构，还取决于这一结构下的组织运作状况如何。对此，苏宁提出了组织运作要实现"四化"管理要求，即制度化、标准化、简单化、信息化。

1. 制度化

有一则关于制度效力的案例：有七个人一起喝粥，由于每个人都比较自私，而且他们没有称量的用具，因此怎样做到公平的分粥成为令他们很头疼的问题。后来他们发挥各自的智慧，先后尝试了不同的分粥方法：

一是指定一个人负责分粥。很快大家就发现，这个人为自己分的粥最多。于是又换一个人，结果总是主持分粥的人碗里的粥最多。二是每人轮流负责分粥。虽然这样看起来平等了，但是每个人在一周中只有一天吃饱且有剩余，其余六天都饥饿难熬。三是大家选举一个信得过的人主持分粥。开始这位有品德的人还能公平分粥，但不久他开始为自己和溜须拍马的人多分。四是成立一个分粥委员会和一个监督委员会，形成监督和制约。公平基本上做到了，可是由于监督委员会常提出各种议案，分粥委员会又据理力争，到分粥完毕时，粥早就凉了。五是每个人轮流值日分粥，但是分粥的那个人要最后一个领粥。令人惊奇的是，在这个制度下，七个碗里的粥每次都是一样多，就像用科学仪器量过一样。每个主持分粥的人都认识到，如果七个碗里的粥不相同，他确定无疑将享用那份最少的。

我们从上面的故事中可以看出，制度安排的作用：方法一显示了"权力会导致腐败"，而方法二又造成了资源浪费，方法三又可能会出现堕落和风气败坏现象，而采用方法四又会使效率变得低下，只有方法五才是最实用、最合理的。

无疑，只有在制度安排的框架下，组织行为才是最高效的。苏宁向来以严格的制度化管理著称，那么，它是如何实现自身的制度化管理的呢？

在苏宁看来，要实现制度化管理，首先需要解决两大难题，一是如何看待制度，将制度置于怎样的地位；二是如何制定和执行制度，使其真正发挥作用。

关于第一个问题，张近东在苏宁郑重提出"制度重于权力，我们苏宁不是人选人，而是制度选人"，并且带头将自己置于制度的管辖下，模范地执行制度，从而保证了制度面前人人平等，也达到了上行下效的效果。

德鲁克认为：一个有效管理的企业，应该是一个平淡无奇的企业。可惜在我们大多数的企业中，看到的往往不是机制和制度在起作用，而是创业者的传奇故事、英雄事迹、个人魅力在流淌。当企业由小做到大，需要通过制度规范来实现有效管理时，企业老板往往很难躲避得了。爱迪斯在《企业生命周期》一书中提到的"创业者陷阱"，即创业者（老板）第一个要求建立制度，进行规范化管理，而往往第一个破坏制度的就是他本人。"创业者是企业制度的创造者，往往也是企业制度的破坏者。"

在我国企业中有两种不同的管理理念与方式，这就是"遵守制度"和"服从权力"。

苏宁人认为，制度是一种公共规则，一旦制定，任何人都应该也必须遵守，只有这样才能保证行动结果的统一性、一致性。同时，制度的另外一个意义是，它反映了事物发展规律性的要求，着眼于组织的整体利益。因此，遵守制度或制度化管理，就能保障企业的各项工作符合事物运作的基本规律要求，保障企业整体目标的实现。

而权力是领导者（或处于组织中某个特殊位置的人）要求别人服从自己意愿的力量。一般来说，权力是组织为了实现组织目标而赋予的。因此，从原则上讲，权力的使用必须符合组织的目标、利益。但是，如果把制度和权力做一比较的话，就会发现制度是刚性的、公共的、唯一的，它一般不取决于特定的人，而权力是由个人掌握使用的，存在很大的弹性和不确定性。如何使用权力以及使用的效果，取决于权力拥有者的目的、心态、境界和能力。在日常管理工作中，一旦权力的使用缺少正确的引导和制度约束，就可能偏离组织的目标和利益，甚至成为个人牟取私利的工具。

然而，在现代企业管理中，随着各种制度的不断完善和复杂，个人统治的成功并不能确保实现组织基业常青的目标。现代企业管理的关注点是如何通过劳动分工、流程设计、绩效考核、战略规划等科学工具，建立强大的组织功能，弱化个人的随性而为和权威统治。本质上讲，就是用制度来替代权力，用规范来取代感觉和经验。这就意味着：要用"组织基业常青"的远景，结束"个人权力统治常青"的欲望，从而将组织纳入到科学发展的轨道上来。

因此，苏宁上下特别强调制度重于权力，权力服从制度，形成了企业上上下下注重组织管理、尊重制度的工作氛围。制度化管理给苏宁带来了以下几个方面的好处：

　　有助于提升团队精神。苏宁的快速发展，企业规模不断扩大，达到一定的程度，个人的能力就无法包揽整个企业管理，这就必须依靠管理团队、企业中的每一位员工去努力。"制度化"就是对企业各个成员行为共性的提炼，这些共性来自于共同的价值观、共同的奋斗目标，以及企业成员与企业的共同利益。制度对与企业整体利益相背离的个体行为的约束，就是对团队共同利益的最好维护。因此，推行管理制度化可提升苏宁的团队精神。

　　有助于避免权力滥用，避免管理中的灰色行为。企业发展到一定规模后，企业员工的数量大幅增长，各种商业行为很多，不可避免地有少数品质差的人，可能会利用各种机会挖公司的"墙脚"，损公肥私。制度化管理可提高企业管理透明度，让那些容易产生腐败的地方公开化，形成"防火墙"，一方面减少了公司的损失，另一方面也保护了企业管理队伍的纯洁性。

　　有助于实现公开、公平的奖惩。如今的苏宁拥有18万名员工，有上万个作业岗位，企业运作十分复杂。如何进行公开、公平的奖惩呢？采取制度化管理的方式，就能保证公开、公平地奖勤罚懒，优升劣降。这样既大大减少了主观性和情面的干扰，又使员工明确了工作努力的目标与方向。

　　有助于产生强大的集体力量。苏宁在全国进行连锁扩展，必须要有一套严格的制度规范，所有的运作都有明确的规定，全体员工都照章办事，实现号令统一、步调一致，像军队那样产生强大的力量。在苏宁看来，这是苏宁连锁快速发展的必然要求，也是最可靠的保证。

　　苏宁强调，在企业中做任何事情都必须有依据，即制度。管理者的重要职责之一就是制定制度，要特别注意消灭制度的空白点。

苏宁在制度的制定和执行方面，做了以下一些规定：

在制定制度时，要把握政策性和实效性，即使是阶段性的制度也要充分地体现这一点。同时，在制定制度时要注重多一些标准，少一些概念；多一些定量，少一些定性。

建立制度关键在执行，这样的制度才有生命力。企业领导层是制度的制定者，要做执行制度的模范，要做到高层带头执行、中层不折不扣执行、基层自觉执行，同时要做到制度面前人人平等，人人按制度办事，大家都按制度规范行为，要形成以制度治事、治人的良好氛围。

制度要在执行中规范，在实践中完善，绝不能不执行。无论制定哪一项制度，尽管有不完善的地方，一旦出台就要坚决执行，只能在制度修改以后予以纠正，否则制度就失去了严肃性。

确保制度的连续性。企业的管理制度在没有修订创新之前，原有的制度仍要继续执行。在修改创新制度时，要注意保持制度的连续性，要避免全盘否定原先制度的现象，否则就会造成负面效应，容易形成制度上的复杂性和不连续性。

2. 标准化

由于连锁经营中特有的管理复制性要求，苏宁也就特别强调管理的标准化，因为只有标准化的东西才有可能复制。

从传统的农业文明走向现代化的工业文明，其中显著标志之一就是企业生产、商业运作的标准化管理。在苏宁，标准化管理就是在整个管理体系中，针对经营管理中的每一个环节、每一个部门、每一个岗位，以人为最小管理元素，制订细而又细的科学化、量化的标准，并将其贯穿成一条环环相扣的流程，按标准进行流程化运作和管理。这种管理，已经细化至每一个决定成败的细节，并关注每个标准之间的方向性、连贯性，它的目标是让每一个决定成败的细节标准化、流程化、规范化、程式化。

苏宁管理的标准化，主要通过制订规范化的流程来实现的。

每个企业都必然有适合其自身运作的管理方法和手段。与一般企业对于流程的理解和定义不同，苏宁对流程有明确而系统的定义，它要求企业中的任何一项工作流程都必须明确以下六大要素：

目标：要做成什么。

事项：明确要做的工作内容。

过程：完成事项要经过的次序与步骤。

标准：工作要达到的具体要求。

方法：完成工作的手段与做法。

责任人：谁来完成整个事项，承担最终责任。

对于已确立的流程，苏宁的做法是通过各种作业指导书、工作表单将其固化。这样，不管是谁，只要按照流程做，最终的结果都是一样的，它与个人能力、经验、权力和地位无关；反过来，不管是谁，如果不按流程做，都会寸步难行，处处遭到"封杀"。不仅如此，流程还使得每件工作的结果都具有可追溯性，即谁的错，错在哪里，怎么错的，都能追查到，这样，流程就使得苏宁各项工作越来越精细化。

流程还使各部门各岗位的工作更有预见性和计划性。

如苏宁每年召开的全年营销工作会议的流程、内容就包括：开会的时间、开会的内容、召集会议的部门和会议主持人、参加会议的部门和人员、开会之前所要准备的材料及材料提供者、与会者参会之前要做的准备、会议要达到的目的和结果、对会议结果的处理与跟踪、会务组织的部门和工作要求。

　　根据这个会议流程，相关的每个部门、每个人员都很清楚地知道自己应该做什么、什么时候做、所达到的要求。相信照着这个流程，会议的效率一定会很高。

　　值得强调的是，苏宁在固化一个流程之前，往往要做流程优化的工作。流程中的相关部门和人员，要一起研讨整个流程中是否存在疏漏的环节，或不合理的环节与内容，是否能够给客户创造价值。在此，客户不仅指企业外部的客户，它还包括企业内部相关联的部门和岗位。

　　连锁经营最根本、最核心的问题就是标准化运作和管理，并且在这个基础上不断地复制、延伸。这在苏宁看来，就是科学管理理论在流通领域管理实践中的复制、延伸和再创新。

　　工业革命时期，蒸汽机的广泛推广和使用促使了自动化生产成为现实，社会生产力也随之得以大大提高，但与之不相匹配的是，大量工人因为缺乏标准化的训练、科学化的操作方法，导致了先进工具运用得不熟练，进而出现了管理上的不适应，效率低下、成本浪费是那个时期生产领域的典型特征。

　　在这样的背景下，一个名叫阿尔弗雷德·泰勒的美国人在工厂不断进行试验，系统地研究和分析了工人的操作方法、动作所花费的时间，并将其总结成高效生产的普遍规律，这就是科学管理的源头。科学管理强调操作方式标准化、培训标准化、工艺规程标准化，推行计件工资报酬制、管理和劳动分离。这些基本的管理原则随之带来的就是高效率、低劳动成本，最终扩大了再生产，造就了一个大工业生产时代。

　　然而，以现在的眼光来看泰勒的科学管理，我们不难发现，科学管理体系中的标准化管理思想有着很大的局限。首先，他认为工人的主要动机是经济的，工人最关心的是提高自己的金钱收入，即"经济人"假设；其次，泰勒的科学管理仅重视技术因素，不重视人群社会的因素；更重要的是，"泰勒制"仅解决了个别具体工作的作业效率问题，而没有解决企业作为一个整体如何经营和管理的问题。

苏宁所追求的标准化管理，显然不是简单的复制大工业生产时期的标准化管理思想，而是将标准化和"以人为本"的管理精神，一起植入到苏宁的家电连锁经营体系之中，即在连锁标准化管理的前提下，苏宁的每一个员工都要对工作、对同事建立起责任观念；都要有很强的敬业心和事业心；从公司到员工个人都要把注意力从利润分配转移到增加利润上来。这样，通过双方的努力，企业就能够创造出比过去更大的利润，从而使员工和公司一起分享利益，进而获得员工和公司之间同呼吸、共命运的关系。

可见，苏宁在管理体系中，标准化不是一种简单的文字表述，也不是某个概念、口号，更不是一种大工业时代流水线的管理思想，而是根据工作的需要，严格将这些标准制度化，并固化到业务流程中去，同时用一种人性化的方式挑选合适的人在合适的时间用合适的方式去做合适的事情。

3. 简单化

管理学大师迈克尔·波特说："长期以来，管理的层次高低往往和是否复杂高深联系到了一起。这除了偶尔的必要情况之外，很多潜在因素往往来自经理人对管理复杂化自身的需要：复杂化可以让工作看上去更重要，可以用来证明资金、时间和其他资源投入的合理性，可以为贻误时机、办事拖延找到借口，可以为逃避责任提供理由，等等。"

在苏宁，以上情况为其管理体系所排斥，而复杂化的反义词——简单化恰恰是苏宁管理制度化、标准化的内在要求。苏宁认为，好的标准总是简单而富有效率的，它摒弃烦琐，始终面对目标，显示出结果与原因，这也是苏宁制度化、标准化追求的目标。

苏宁的管理相当复杂，商品品种繁多，拥有数种经营品类、几百个品牌、上万个规格型号；苏宁连锁店遍布全国，不同地域有不同文化、不同消费习惯，还有不同的顾客群；而且苏宁服务链很长，从采购、店面销售、配送、安装、维修等，对于这些复杂的运作过程必须进行简单化处理。

苏宁的"简单化"就是对所有复杂问题进行"共性化"的提炼、寻找逻辑链中的主线，对复杂问题的"关键联系点"进行"因式分解"，实行"定点爆破"，将定性分析、定位分析与定量分析有机结合，建立了苏宁特色的简单化系统，也培养了苏宁特有的简单化管理。

苏宁对管理简单化的理解是：在确保达到管理目标的前提下，以最少的时间和资源投入，用最简便的方法和手段完成管理工作。一旦谁在某项管理工作上有所创新，实现了上述的简单化，公司就会将其工作方式、方法加以概括提炼，最终形成标准，其他人通过这一标准的实施而使相同的工作变得简单。

在实践中，苏宁总结出一套管理简单化的方法：在明确目标和要求的基础上，对目标和要求进行分解，使之尽量简明；精确地界定内容，明确工作的要点、难点和节点；将复杂的内容分解为简单的内容，用最简单的方法解决；对例行的事项采取标准化的操作，对例外的事项提倡因地制宜，创造性地解决；用机器替代人工，用电子化实现简单化。

现在已经进入信息时代，意味着简单就是力量。管理的最高境界不是为了完美，而是为了和谐；不是为了管理而管理，而是为了有效才管理。简单管理的宗旨是效率至上、快速反应，它试图打破的是原有的阻碍效率提升、资源浪费的管理系统，使一切归于简明、合理、高效，并鼓励身在其中的人们进行创造性的思考。沃伦·班尼斯说过："管理的任务是激发团队的创造性行为。"因此，简单化也是从人性出发，试图回归"以人为本"的理念——这些运用到苏宁就是：复杂的事情简单化，复杂的流程简单化，复杂的制度简单化，复杂的架构简单化，复杂的执行简单化。

4. 信息化

苏宁的领导层高度重视管理的信息化，认为在"四化"管理中，从未来企业发展与竞争的角度看，信息化是最为重要的，如果没有信息化的平台支撑，制度化、标准化、简单化是很难实现的，即使是通过人工的方法来实现，也是低效率、低层次的，缺少真正持久的竞争力。更进一步讲，苏宁在实现连锁经营中，每天都遇到海量的信息需要处理，如果没有先进的信息系统，是无法应对处理的。

苏宁的高层很早就看到，信息技术的大量应用，已经使很多跨国企业处于业务的领先地位，强化了其自身在市场上的竞争力。如通用电气、福特公司、克莱斯勒公司等产业巨头，通过实施原材料网上采购、销售系统的网上配送，使原材料采购成本和销售成本下降达20%～30%，最高达到40%。全球著名的高科技企业思科公司，由于对互联网的深刻理解，对互联网的应用走在世界前列，该公司对其全球资金核算一次只需8个小时。正是通过对计算机网络技术的广泛应用，跨国公司和处在全球各个行业前列的企业都在加速发展自己、迅速壮大自己。

推行制度化、标准化、简单化、信息化给企业经营管理带来明显提升的现象，在国内外都不乏案例。国际零售巨头沃尔玛在商品管理中推行信息化，在商品入库时不需要人工采集商品信息，只需将系统打开，有关的商品信息就自动地录入信息系统，该系统甚至可将商品所在库区显示出来，避免了传统的人工数据采集、盘点需要大量的时间、人力、物力的情况。沃尔玛甚至将全球范围内的商品、价格的实时信息，通过卫星系统传递到全球范围内的任何一个营业终端。通过在制度化、标准化、信息化管理基础上制订简单化原则，使操作简单、管理可视、沟通顺畅。

　　基于上述的认识，苏宁倾力进行信息化建设，在业内率先成功上马ERP（企业资源计划），并根据企业发展的需要全面升级。信息中心已成为苏宁最为核心的部门之一。

第六节　持续提升的"四清运动"

从价值创造的层面来说，在一家企业中，大多数存在三种岗位：第一种直接创造价值；第二种自身不直接创造价值，但却为创造价值的岗位服务；第三种既不创造价值，也不支持、服务于创造价值的岗位，它们似乎就是为了制造工作而工作，对于组织的唯一功效在于消耗组织资源，毒化组织氛围。这就好比病毒，随时制造麻烦，并且高倍速、大规模传播复制，进而构成对组织惊人的破坏力——它们就是组织中的病毒，要想保持组织的活跃肌体，就必须果断地将它们彻底清除掉。

在企业中，破坏的力量不仅仅来自于企业岗位和人员，同时也来自于僵化、无效的管理要素，比如可以引申到组织结构的本身、陈旧的观念、僵化的制度、无效的流程等。可以说，破坏的力量从来都是系统性的。那么，是否存在一种"反破坏"的力量呢？苏宁组织运作的"四清运动"正是针对这种系统破坏力量的清理。

比如，几乎在每年大忙时，苏宁总裁办都会及时发文，号召公司上下领导干部讲"政治"，要求公司各个部门清醒认识现在公司在内部管理方面出现的问题，进一步整顿思想作风，强化制度意识，及时采取措施调整，加强基础管理，保障连锁发展、业务运营顺利开展。

同时，苏宁进一步强调：公司正处于快速发展期，不可能停下脚步等待某些掉队人员，任何不能理解、贯彻公司意图和要求的管理干部，任何不服从公司制度、不服从公司指挥的干部，无论职务高低，公司绝不姑息纵容。各级管理人员不服从公司整顿思想作风、加强基础管理的，直接降职，情节严重者直接予以开除处理。

所谓清理运动，就是清理问题，清理流程，清理制度，清理人员。清理问题——顾客的不满意就是工作的问题。清理问题就是以终端为核心，对阻碍终端工作前进的问题进行总结、汇编问题清单。清理流程——流程是解决问题的程序和方法。在苏宁，清理流程就是要理顺工作思路，理顺部门与岗位之间的分工，简化审批环节，强化、量化审批标准。清理制度——制度是流程操作的标准和规范，一般是清理公司已经下发执行的各项规章制度的执行到位率。清理人员——就是要围绕组织架构，分清人员岗位职责，评议管理人员综合素质，为进一步优化人员配置和任职、晋升及淘汰做准备。

没有惊天动地的口号，没有眼花缭乱的概念，在苏宁高层看来，部门开展"四清运动"的目的很简单，就是为了解决苏宁出现的管理上的障碍，形成不断提升的自我完善机制，更好地应对未来更为严峻的挑战。

关于清理问题，苏宁高层认为，企业的快速发展必然会出现问题，没有问题的企业就是没有发展的企业。从成立以来，苏宁经历了多次大幅度的经营管理变革，随着苏宁的连锁发展取得成功，逐步探索、尝试，摸清了究竟如何做连锁。与此同时，苏宁的管理政策、目标与组织架构也开始逐步定型，然而，随之而来的还有大量的问题，这些问题是发展中产生的问题，也必然要在发展中得以解决。对此，张近东坦言："如果苏宁现在没有问题，说明苏宁陷入了停滞不前的危机，这才是真正的大问题。"

苏宁一向鼓励大胆暴露发生的问题，并积极改正。面对问题，苏宁的态度坚定：鼓励暴露问题，不要害怕问题，积极解决问题，以苏宁的实力加上信心与毅力，任何问题终将被解决，企业考虑的是时机、时间和代价高低。

反之，如果不大胆地去暴露和清理问题，那么整个苏宁的发展将失去方向，失去动力。苏宁进行问题清理，就是要各个体系主动就自身问题进行总结分析，动员企业内部各种力量进行解决。

关于清理流程，苏宁高层认为，制度是企业运行的基本原则和判断标准，是相对稳定不变的，而流程文件规定的是谁来依据制度标准做判断。企业将大量的流程规定当作制度，替代了关键的标准规定，结果导致签字环节越来越多，却把不住关。有时会出现每个人都对流程负责，却无人对最终结果负责的怪现象。

清理流程的目的，就是要进一步减少流程环节，明确流程标准，标准要强化、量化、易于操作，以此来保证各项事务责权落到实处。

关于清理制度，苏宁高层认为，规章制度是大型的基础与根本。麦当劳、肯德基等成功的连锁企业，其管理上最大的成功之处在于：在不同的地区，用不同的人员，做出了相同的产品与服务。

通过调查和分析，企业中各种问题的出现，不是因为没有制度规范，而是因为制度落实和执行不到位。比较典型的情况是，中高层管理人员对制度不尊重、不服从，基层人员对制度不了解，或者只是想当然地"理解"，所以说制度的执行是否到位问题，是目前企业管理中存在的最大问题。

关于清理人员，苏宁高层认为，现在的苏宁已经拥有18万多名员工，其中大多数是进公司仅仅两到三年的新员工。大量新员工的涌入带来了大量的个人思想和作风，对苏宁的企业文化传统、工作氛围造成了巨大的冲击，苏宁的优秀传统文化面临淡化，甚至丧失的危险。

大量员工进入公司，工作不到位、老员工指导监督不力，也导致新员工对自身岗位职责不清楚、不理解或者理解错误，对公司规章制度不了解、执行不到位的情况，这必然带来工作上的波折。同时，由于有些部门用人心切，饥不择食。另外，也有一些老员工在同样一个环境中工作得时间过长，开始产生惰性。缺乏动力的员工往往会出现磨洋工的现象，大大降低了企业的运营效率。

清理人员就是要求对所有在岗员工进行清理，重点是围绕岗位设置，搞清楚每个人的"职责分工、工作能力、思想状态"，让每个人的职责都清清楚楚，"透明化"，淘汰一批不合格的人员，提拔一批优秀的人员。

如何开展"四清运动"？苏宁的具体做法是：清理问题，以问题带任务；清理流程，以流程带标准；清理制度，以制度带执行；清理人员，以人员带氛围。

1. 清理问题的最终目的是强化终端管理，提升终端工作质量

问题就是顾客的不满意，终端的问题就是所有部门的问题，各个部门的问题最终会导致终端出问题——苏宁始终强调连锁店、配送中心、售后服务中心、客户服务中心四大终端，是苏宁所有管理工作的最终对象，围绕终端运作、加强对终端的垂直管理是一直没有改变的政策与方向。一般来说，开展"四清"工作最终的目的还是为了让连锁店卖得更多、卖得更快，售后服务得更好、更快，客户满意度更高。这是检验一切管理工作的终极标准。

2. 清理流程与三级体系制度建设结合，推行三级体系下标准化建设

强化审批标准，简化审批环节。各个部门在制定审批制度时，不要总

是围绕"谁要不要签字",而应当围绕"签什么、怎么签",明确签批标准和尺度,让所有人能够准确判断。

各个部门制订流程文件时,务必首先将标准明确,缺少标准和原则的流程文件,一律不得下发执行。流程过长、影响效率的文件原则上也不得下发执行。

在授权的同时转变控制方式,加强控制力度。随着规模的扩大,管理重心向终端转移,下属机构拥有较大的职责和权限是必然的,总部也要学会合理授权。关键是在权力下放后如何控制。对此,苏宁的具体要求是:放权后总部不是不管,而是转变控制方式,加强事前计划、事中标准与检查控制、事后指标考核。

对于总部一级,苏宁要求其自上而下地加强事前计划引导控制。为了掌握下级公司的动态情况,总部和大区要强化事前计划控制,事前确定子公司的工作任务和要求。

与此同时,建立结果导向的指标考核体系,以此来进行事后控制。考核是管理的重要手段,下级可以决定怎么做,但是最终的结果要由上级鉴定,责任人员要接受考核。因此各个中心首要进行考核管理标准的梳理,明确各项工作的目标结果要求,运用考核、奖罚手段去管理,并严格制订工作标准和流程,作为子公司工作过程的依据。抓住计划和结果两头,中间过程可以允许子公司有一定自由度,但是关键性的东西一定要制订操作流程与标准,要求子公司执行。

此外,总部还要采取现场检查控制方法,防止子公司违反制度规定。总部不可能看到每件事情的每个环节,但是可以通过检查来发现问题,进行调整。一方面要求子公司按制度办事,另一方面通过检查来防范、查处子公司违反制度。

"订计划""订标准""订指标""不断检查"——这就是总部在三级体系下、在职责和权限下放前提下，进行控制的基本思路、原则和方法。

3. 清理制度首要的是强化制度意识，提高基础管理制度执行到位率

"四清"的目的是为了终端出效果，采取的方式就是建立一套科学、适用的管理规范制度体系，让苏宁全体员工都按制度办事，言必称制度。

"做的一定是写的，写的一定要做到"，这是苏宁制度化管理的基本原则。主要抓"写的一定要做到"，即制度的贯彻落实、执行到位。制度本身制定的问题是公司最上层的职责，一个企业里"5%的人订标准"，下级部门和员工不允许随意制定、修改制度，只能细化、落实、完善操作方面的细节。

在制度体系的基础建设上，苏宁严格要求各个公司将已有的制度进行整理汇总，形成初步的管理手册，作为员工工作、培训的标准和依据。战略规划部将与各个中心、公司联系，统一收集、整理格式化的制度手册。抓制度落实是主要任务，主要手段就是"检查、检查、再检查"。只有不断地检查执行情况，才能真正将制度落实下去。各个中心的高层管理人员一定要养成定期下基层的意识和习惯。周末职能部门下终端就是公司统一采取的一项措施。总部要到各个地区检查，大区要到各个子公司检查，子公司要到各个终端检查。

4. 清理人员以是否服从看是否可用，彻底整顿工作氛围与作风

"讲政治就是讲服从。"大企业管理强调令行禁止，不服从是人事管理最大的隐患。在苏宁过去的发展历程中，不同程度地存在新员工不服从公司企业文化，随意说三道四；老员工倚老自居，随意违反制度；下级自行

其是，不服从上级指挥，导致相关人员的工作难以推进、落实。因此，针对有此问题的人员进行清理运动，首要的判断标准就是看服从意识和执行到位率。通过淘汰差的、重用好的，才能改变整体的工作氛围与作风。

每次的"四清运动"都使苏宁的组织运作效率大大提高，使苏宁的组织管理体系不断趋于成熟。"四清运动"使得苏宁比较有效地防止了"大企业病"中的臃肿症状。定期的清理让苏宁的每个部门、每个岗位、每个员工都处于被激活的状态，让"大象"激情地舞蹈在苏宁成为现实。

苏宁的"四清"很容易让人们联想到政治运动，苏宁高层领导对此并不讳言：有人群的地方就有政治，政治智慧是一种大智慧，为什么不能用于企业管理呢？有效就行。

苏宁的组织管理演变实践过程向我们表明，在企业成长的过程中，组织需要根据外部市场的变化、自身的业务要求做出相应的创新和调整。否则，企业就会像被煮的青蛙那样，受到了外部侵蚀而浑然不觉，直至被煮沸，导致最后的死亡。事实上，根据管理学家艾迪斯的"企业生命周期理论"，一个商业组织如同一个生物有机体，它必然要经历一个从生到死、由盛转衰的生命过程，而当企业垂垂将老之时，老年病症就开始出现了，比如公司内部运作完全变得依赖于习惯，而无法做出适应性的调整；组织里的元老对于新人的排斥；守旧思想对于创新精神的遏制……种种病症会越发加重老化的趋势，长此以往，企业只能走向死亡。

总结而言，导致这些问题最根本的原因，就是企业的组织管理架构没有随着企业规模的扩大而提升。此时就需要对组织进行再造。然而，组织变革的过程如同行万里路，步子再大，也不可能一步走到终点，因此，再造组织还需要明确一个循序渐进的原则：在企业从小到大的发展过程中，应该由"规范组织"的思想，逐渐向"提升组织"的思想转变。企业最初的依靠个人能力单打独斗式的组织方式，无法满足发展要求的时候，组织再造的焦点是管理上规范化台阶；而当企业管理水平达到一定程度之后，就需要对管理手段进行优化，消除组织管理过程中导致僵化的部分，正如苏宁的清理内容：问题、流程、制度、人员。这样，通过梳理组织运作体系，达到提高管理效率的目的，正所谓"流水不腐，户枢不蠹"。

第七节　构建真正的中国沃尔玛

优秀零售企业的核心竞争优势，是来自于管理层前瞻性的战略思维、精细化管理的完美结合，沃尔玛就是世界零售企业的标杆。张近东图谋的不是中国家电的霸业，而是构建真正的中国沃尔玛帝国。张近东说："中国的经济总量会超过美国，苏宁也会超越沃尔玛。我们公司此次大会审议增加经营范围，你们也看到并通过了。我一直讲不做中国的百思买，而做沃尔玛。"

大型零售企业建设，由庞大而高效的物流系统、完善的信息管理和数据采集系统、具有稀缺性的物理网点组成框架后，就等于拥有了商品高速公路，无论销售任何商品、多少品种都能畅通无阻、高效稳定。苏宁从家电向其他领域渗透，成功的关键就是依托这样的巨型系统，一旦构建完毕，则无论向渠道填充家电还是百货商品，都不会有本质性的区别，而且能构建出一个网络和规模壁垒。

从家电延伸到多种商品是一个漫长的过程，也为苏宁提供了无限的扩展空间。零售行业有一个惊人相似的现象，就是行业老大常常被老二超越。如美国沃尔玛超越凯马特，百思买超越电路城，日本山田机电超越小岛电器……

在中国，苏宁超越国美，相同的原因是老大则常常依靠粗放型扩张以及盲目的并购，而老二则厚积薄发，踏踏实实地构建系统，进而一举超越。沃尔玛的核心竞争力正是商品高速公路、精细化管理系统，苏宁一开始就沿着正确的方向前进，并已初具规模，领先行业，一旦系统建设完毕，成为真正的中国沃尔玛指日可待。

零售企业高度依赖优秀的管理层，苏宁的核心竞争力就是张近东和孙为民。做生意首先是做人，从股权分配可以看出张近东的大舍精神、博大的胸怀和远大的眼光。从平时的言论可以看到他对媒体低调谦和，对股东坦诚透明。国美在疯狂扩张而苏宁阶段性落后时，苏宁仍能稳扎稳打建立物流、信息和服务系统、培养人才，探索多种行业领先的先进开店模式，其大将风范、理性和前瞻性的思维表露无遗。可以说，张近东是中国上市公司高管的标杆式人物。

苏宁的年报是 A 股上市公司报表最详尽、最清晰的公司之一，几乎就是一份企业和行业的深度研究报告，这也是精细化管理的体现之一，安徽人特有的细腻对零售企业的管理十分有利。高度依赖管理层的企业未必是好的投资标的，因为普通的管理层容易发生变更，但张近东是企业的拥有者，孙为民也间接持有大量苏宁的股权，所以没有发生变更之虞。同时，已经建立起来的商誉、庞大的规模、行业领先的完善系统，也为苏宁建立起了另一层壁垒。

苏宁未来增长空间和速度是很多投资者所疑惑的，苏宁已经是缓慢移动的大象吗？与沃尔玛相比，与未来市场空间相比，苏宁还只是一个中小型企业。外延扩张的空间已经讨论很多，不再赘述。很多人只盯着外延扩张，而忽略了收入的另一重要增长点：内生性增长、产品线延伸、产品结构调整带来的巨大空间，而盈利增长不但来自于收入增长，还有毛利率的提升以及规模效应带来的费用率下降。收购香港镭射电器和日本 LAOX，一方面是为了建立苏宁国际化的桥头堡，同时学习国外的管理经验，更重要的是为整个苏宁产品线的拓展和深化铺路。

苏宁主要产品集中于大家电，占比超过60%；百思买大家电占比5%；山田机电大家电占30%左右，原因之一是国美大家电已经基本普及，同时消费者习惯于在沃尔玛等大型商超及其他零售业购买大家电。而在家电连锁购买大家电，已经成为中国消费者的习惯，并已形成品牌效应，同时中国大家电仍处于加速普及过程中，特别是农村、偏远城镇市场才刚刚启动。因此在保持大家电份额的同时，苏宁产品线在电脑及周边产品、音像图书、视频设备、手机、软件、游戏、厨房用具、照明产品甚至手表、珠宝、电动车、乐器、建材、家饰等方面有着极为广阔的扩充空间，而远期的未来则很可能出现越来越多的百货产品，真正地向沃尔玛靠拢。当然，这也许是在家电及相关产品发展到极致后的选择。

2010年前后，百思买年平均绩效为6万～7万元/平方米，苏宁只有1.5万元/平方米，百思买在单店面积只有苏宁3/4的情况下，年单店销售额为2亿元，苏宁只有6千万元左右。主要原因是商品结构以及陈列的差异，百思买销售的商品一般体积较小，占地面积远低于苏宁，同样经营面积销售额自然远高于苏宁。这正是苏宁未来同店销售高速增长的所在，商品结构调整完成后，苏宁最终的单店销售额完全有增长2～3倍以上的可能。

国美的毛利率在22%～25%，苏宁为17%。为什么会有这样的差异呢？一部分产生于产品结构，一部分由于国美基本以自营为主，而苏宁以联营为主。随着苏宁商品结构的调整，自营占比不断增加，自有品牌、定制、包销、OEM（原始设备制造商）等产品越来越多，毛利率同样有较大提升空间。百思买毛利率比苏宁高7～8个百分点，费用率比苏宁高10个百分点，净利率只有3%左右，苏宁则接近5%。百思买费用率高主要原因是劳动力成本的差异，未来苏宁劳动力成本也呈上升趋势，但与国美5~6倍的收入差距相比，则显得微不足道。影响苏宁净利率的另一不确定因素，是租赁费用率的提高，规模效应、同城店数增加、自购店面带来的费用率下降会形成部分抵消，总体而言费用率不会有大的提升。随着毛利率的提升，苏宁净利率仍有较大提升空间。

暂时还看不到苏宁的天花板在哪里，张近东2020年销售收入的目标是4000亿元，根据以上的分析，达成目标并非不可能，加上净利率的提升，利润可能有10倍的增长空间。如果说苏宁已经攀越了一座陡峭的高峰，也许现在他们正站在另一座更高的山峰前，只是这座比之前的稍微平缓一些而已。

第八节　苏宁组织变革的启发

据企业管理权威人士的相关研究显示，在大规模的变革中有70%都以失败告终。改，还是不改，风险都在那里。如何转型和组织变革，可能是现阶段企业领袖们最困惑的焦点。梳理苏宁的变革历程，也许我们可以从中领悟到这样一些要点。

1. 组织变革，为什么

市场环境的变化，会使顾客需求和购买行为发生变化，也会使零售行业经营技术发生变化，这些变化积累到一定程度时，会使零售企业原有的战略变得落伍，直至成为发展的掣肘，因此导致零售企业进行战略调整，而战略调整必然带来组织结构的变化，否则调整后的战略无法得到实施。

从苏宁的三次组织变革可以看出，每一次组织变革都是对企业战略进行了调整，对战略进行调整，是因为企业经营的环境发生了巨大变化。因此，企业决策者在选择组织变革时机时，要考虑战略是否发生了调整或转型，只要发生转型，就必须进行组织结构调整和人事更迭，让那些阻碍变革的人员调离。组织变革可能"受伤"，但是战略转型而组织不变革，带来的不仅是"受伤"，而且极有可能是"死亡"。

2. 组织变革，变什么

如果说，组织是否变革依赖于战略是否转型的话，那么，组织变革什么，就取决于战略转型的内容了。一个基本的逻辑是：组织变革一定是围绕战略而展开，并与战略目标保持一致。

苏宁的三次组织变革都是与同期的战略目标相匹配的：第一次转型目标是"成为零售商"，这意味着其目标顾客从企业（批发商）变为个人（消费者），因此，组织变革的目标是让企业具备为终端消费者提供产品、服务的能力；第二次转型的战略目标，是要建立覆盖全国的零售渠道，因此组织变革的核心要点是"速度和一致性"。而第三次转型的战略目标，是为了"顾客体验的一致性"，因此组织变革的核心是"内部资源的融合"。

由此可见，战略转型必然通过变革后的组织来实现，没有匹配的组织变革内容就不会有成功的战略转型。因此，一个含混不清的战略极有可能导致一场目标不清的组织变革，从而将整个组织带入混乱之境。如果战略目标清晰，组织变革内容与其不匹配，也会导致战略转型的夭折。

3. 组织变革，怎么变

每一个企业的组织变革，都不是一举而成的，它涉及组织结构、人力资源、企业文化等诸多方面；而组织变革又是一个持续不断的长期过程。因此，对组织变革中一些关键问题做更多思考，将有助于理解组织变革的复杂性和风险。

明确组织变革的目标。澳大利亚悉尼科技大学教授伊恩·帕尔默在

《组织管理变革》一书中，将组织变革分为"渐进式"和"间断式"两种。第一种变革主要指系统、流程或结构的调整，但公司战略、公司形象没有发生根本性的变化；而第二种变革使组织的核心部分发生了转型性的、革命性的重大变革，它改变了组织的实质，而不仅仅是组织获得了发展。

从苏宁的三次组织变革来看，前两次变革具有"渐进式"特点，其核心目标是使组织适应大规模、标准化、高速度的连锁业务发展的需求。而第三次变革则具有明显的"间断式"变革特征——从以零售业务模式为主转变为平台模式为主，从传统零售企业转型为互联网企业。可以说，前两次变革都给苏宁带来了明显的成效，为其战略发展提供了可靠保障。但由于第三次变革带有很强的革命性、颠覆性，它使苏宁的未来发展与之前的实践、方向发生了非常大的变化，因此，其组织变革的剧烈程度也非比寻常。

重组企业内部资源。这是组织变革的核心，目的是实现与新战略需求的匹配。在苏宁第一、二次组织变革中，都是在不同程度上围绕"供应链"进行资源上的再分配或补充，以满足大规模、标准化的战略发展需要，但这种变革的着眼点仍是企业的，而不是顾客视角的。在苏宁的第三次变革中，这种资源重组表现得更为明显——将条块化、分散的内部资源通过新的组织形式全部融合在一起，以适应互联网时代全渠道零售的需要。这次变革的着眼点是顾客——为顾客获得一致性的良好体验而重组企业资源。因此，从这一点上看，这次苏宁组织变革的出发点、方向都符合互联网思维的特点，具有极为重要的积极意义和示范效应。

关注适应新的环境。随着互联网时代的到来，企业的外部环境发生了颠覆性变化，一些新的组织特征出现了，那些以速度为导向、扁平化、富有弹性的组织才能与新环境相适应。

苏宁在这次组织变革中，压缩运营层级、多事业部的设置，会提高组织对市场的响应速度。同时，打通、整合内部资源的组织设置方式，理论上显示了鼓励、促成团队协作的思路。当然，这些方式在实践中的效果还有待市场检验。

加强变革的领导。企业最高领导人是影响组织变革能否成功的关键因素之一。无论哪种形式、何种程度、多大规模的组织变革，都会对组织中的每个人产生不同的影响，有的人甚至因为变革而失去地位或利益。所以，不同层级的人对组织变革的看法和接受程度都会不同。这时，就需要管理者进行必要的转型引导，对组织正在或将要发生的事情提供答案。

近几年来，传统零售企业面临的组织变革是一场深刻的革命，也是最劳神、最痛苦的革命。由于变革成果的不确定性，以及资源重组所导致的变革阻力，可能足以抵消变革的愿望和热情。因此，作为组织变革的指挥者——企业最高领导人，需要通过对变革的"导航"来控制和实现变革。

作为一家民营企业，苏宁虽然拥有更灵活、更高效的决策机制，但真正推动变革也绝非易事，张近东的作用至关重要，甚至是决定性的。在变革启动和推动过程中，他都会向员工宣讲转型的目标和意义；在转型遇到怀疑或阻力时，他则向干部员工表明决心，甚至以"谁阻碍变革，就撤掉谁"的强势态度排除阻力、推动变革。所以，苏宁能迅速超越竞争对手成为中国连锁百强之首，能在前景并不十分明朗的情况下启动间断式变革，绝非偶然。可见，企业最高领导人的决心和行动，在某种程度上决定了组织变革的成败。

　　总之，企业正面临从未有过的艰难局面。在这个瞬息万变的互联网时代，"以不变应万变"的信条早已不合时宜，而未来的发展路径并不清晰，更没有成功案例可循。冒险，甚至失败都可能无法回避，但"不变不行"的宿命和压力终将触发一场波及全行业的、所有传统企业的组织变革。因此，我们为先行者的勇气鼓掌，更期盼他们能"守得云开见月明"，找到一条适合自己的变革之路。

第四章　独特的人才战略观

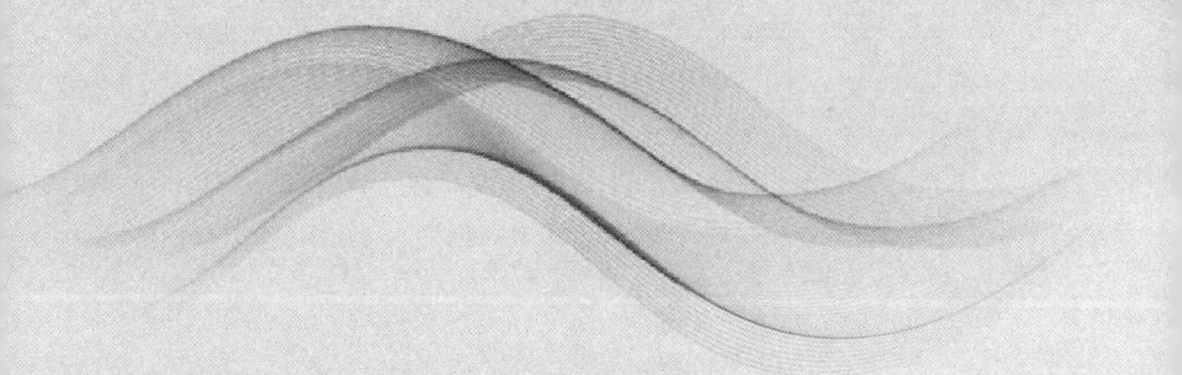

任何企业要实现可持续发展的目标，必须要有一套不断创新的人才开发制度，这样才能为员工提供稳定的工作环境，为企业发展奠定良好的人才基础。基于这样的人才理念，苏宁勇于突破，大胆创新，并用自己独特的人才战略观和人才理念持续吸引人才、造就人才，形成了独特的人才制度创新模式。

第一节　乐业敬业，提升专业，追求事业

企业人才的管理和使用是企业发展的动力，是提高企业素质的根本保证。苏宁用自己独特的人才战略观和人才理念持续吸引人才、造就人才，形成了"企业发展—人力先行—流程造人—回馈社会"的经营价值链条。苏宁人才开发制度要进行再创新，使人力资源得到最优化的配置和最合理的引导；要创造更加优惠的吸引人才、留住人才的良好环境；要建立企业大学，为企业长远发展储备后劲。

苏宁是3C家电连锁零售企业的领跑者。之所以取得这样的成就，与其坚持人才制度改革有着很大的关系。近年来，苏宁始终坚持"人品优先、能力适度、敬业为本、团队第一"的人才纲领，不断进行人才开发制度创新，先后开展了多项人才开发工程，为苏宁向更高的目标迈进奠定了坚实的基础。

苏宁尤其重视人才开发制度的创新，其发展过程主要经历了制度创新、发展扩张和提高完善三个阶段。

第一阶段：制度创新期。苏宁制定了在全国扩张的发展战略，与其战略发展步骤吻合，引入了现代人力资源管理制度。同时，苏宁领导层进行了明确分工，大大提高了企业的管理效率。

第二阶段：发展扩张期。为了适应稳健扩张的战略，在人力资源管理

方面，苏宁开始实施"1200 工程"这一意义深远的战略举措。与此同时，苏宁人力资源体系、绩效考核体系、企业文化及相关制度逐步建立，并开始发挥积极效应。

第三阶段：提高完善期。苏宁重点解决了企业文化、员工激励与信息流程等问题，为企业的发展提供了大批高素质的人才。同时，高层激励计划进一步增强了苏宁核心团队的事业心与凝聚力。

任何一家企业要实现可持续发展的目标，必须要有一套不断创新的人才开发制度，这样才能为员工提供稳定的工作环境，为企业发展奠定良好的人才基础。在员工自觉自愿为本企业尽职出力时，企业也会获得相应的收益，实现企业的可持续发展。这是一个封闭的经营价值链条。基于这样的人才理念，苏宁勇于突破，大胆创新，并用自己独特的人才战略观、人才理念持续吸引人才、造就人才，形成了独特的人才制度创新模式。

苏宁预测了三年后的人力资源需求的数量，制订了相应的人力资源规划。通过自主培养的模式，投入巨资铸造一个大规模的"苏宁连锁方阵"，并将之列为苏宁连锁发展战略中重中之重的大工程。

为了培养符合苏宁要求的人才，提出了"人品优先、能力适度、敬业为本、团队第一"的人才培养观念。

"人品优先"指的是在引进人才时，首先考虑其与企业价值观是否融合，企业员工的职务行为是否符合企业的根本利益。如果不能忠诚为企业服务，这样的员工即使能力再强也不能用。

"能力适度"指的是苏宁在引进人才时，以岗位的要求为依据，不盲目追求高学历。苏宁发展到今天，不是凭某个能力很强的人，靠的是一支优秀的管理团队。个人的能力即使再突出，如果无法融入企业，也不能很好地完成上级交给的任务。苏宁需要的人才必须既有能力，同时又认同企业的价值观。

"敬业为本、团队第一"，指的是苏宁要求员工有很高的敬业精神，能为企业创造价值。苏宁强调团队的合作，因为苏宁是商业流通性企业，拥有自己的服务体系，整个销售和服务的环节非常多，如果没有团队的精诚合作，就不可能把事情做好。

总而言之，人品是能力得以发挥的基础，也是团队合作的基础。判断人才的标准是为企业贡献的大小，而不是学历、资历或文凭。苏宁选拔人才强调能力适度，所有人员的引进与配置都要符合岗位要求，合理搭配，同时倡导分工合作，不鼓励脱离集体的个人主义。敬业与团队合作精神，是苏宁对员工的基本要求。

秉承这样的用人理念，苏宁把一大批有经验的下岗工人，锻造成了对企业有用的人才，实现了"双赢"。

苏宁建立了一个有针对性的快速"造人"流程，完成新进员工个体的苏宁化，保证苏宁文化的传承。

流程一："格式化"。这是新人转变为苏宁人的第一步，即任何员工自进入苏宁的第一天起，就意味着你在工作过程中，要按照苏宁的文化和价值观行事。

流程二：培训+考试。苏宁对新进员工进行集中性、高密度的学习培训。培训之后，还会对新员工进行多方位的严格考试，没有通过的，要继续学习；仍然通不过的，将不能有效地融入苏宁。

流程三：轮岗执行。新员工都要经过苏宁著名的销售旺季"大忙"的洗礼，并到各个岗位进行轮岗执行，在此过程中对苏宁的文化、具体岗位的操作方式进行深入了解、认同直至熟悉、运用。

流程四：传、帮、带。由老员工点对点、人对人地指导、教练、督察新员工，帮助他们快速地成为一个合格的苏宁人。

苏宁通过自己的培训体系育人，并遵循干部优先从内部提拔的原则。在具体落实这个原则时，会形成一个系统的人才梯队计划，在计划上，将清晰显示出人才培养任务、晋升目标，以确保有的放矢选拔、使用人才。

苏宁对建立社会化的人力资源管理体系，有着自己的标准，即："苏宁要的是事业经理人，而不是职业经理人。"

苏宁塑造家庭氛围的企业文化，在给予良好待遇和职业生涯发展机会的同时，通过企业文化营造育人环境，增加企业的吸引力，从而达到人力资源储备的良好预期。

坚持人才开发制度的创新是苏宁经营成功的法宝之一，在肯定苏宁人才开发制度创新取得的成绩的同时，也要认真分析其人才开发制度再创新的空间，在现有基础上进一步改进和完善。

员工进入企业初期，由于企业缺乏对员工的职业生涯规划，员工预期过高且未得以实现，他们对于未来的发展没有清晰的认识，从而导致两个结果：一是在进入企业一段时间后离开企业；二是没有明确的发展目标，失去主动性和积极性。苏宁把企业发展与个人发展紧密结合起来，认真做好员工的职业生涯规划。可以在招聘员工时对所需的人才类型进行定位，员工上岗后，让员工参与管理，这样不仅可以让员工更加了解高层管理情况，还可以让基层的意图渗入到管理层来。采取这项富有创新意识的培养计划，能够让新引进的大学应届毕业生尽快成为企业的骨干。

第二节 "1200 工程"，人才培养新模式

"1200 工程"是苏宁规模最大、管理最规范、引进和培养人才最多的专项人才工程，目标在于通过全面、系统、专业的培养，使大学应届毕业生在 2~3 年内成长为苏宁中层管理团队的核心骨干，成为苏宁未来发展的中流砥柱。为此，苏宁建立了从招聘选拔、轮岗实习、培训培养，到考核激励、晋升提拔的完善的制度和体系，专门成立"1200 工程"项目组，全面负责"1200 员工"的招聘、引进、培训、培养、选拔和任用，实现系统全面、专业专项的梯队和人员发展管理。

从一家 200 平方米空调专营店发展成为中国最大的家电零售企业，人才成为苏宁的制胜法宝，苏宁尤其注重高素质人才的引进，从应届毕业生中招聘精英。当苏宁电器进入新一轮高速发展期时，迅速展开全国布局。在此过程中，苏宁意识到零售人才的重要性和紧迫性。于是，在当年年底，苏宁投入 3000 万元作为首批大学生招聘的启动资金。当年共在全国范围内招聘了 1200 名本科毕业生，"1200 工程"也就由此而来，而通过"1200 工程"招聘的大学生被称作"1200 人员"。经过一年多的实践证明，大学生们经过苏宁系统的培训和实践操作，大多数能够胜任本职工作，为苏宁高速增长起到了很好的保障作用。也正因为如此，张近东在公司内部将"1200 人员"定位为苏宁未来的接班人。此后，每年苏宁都会在全国大

范围展开大学应届毕业生的招聘工作。

从 2002 年到 2015 年，"1200 工程"走过 14 年，每年的招聘都在有条不紊地进行。因为敢于大胆起用新人，让"1200 人员"有机会在实践中得到磨砺和成长。"1200 人员"在苏宁快速发展、营销创新、企业文化传承过程中表现优异。"1200 人员"在苏宁内部得到越来越多的认同，逐渐成为苏宁干部选拔的主要后备力量。

在第一期招聘 1200 名大学生后，每年的"1200 工程"招聘人数均在 1000～2000 名。"1200 人员"进入公司第一年内，苏宁会安排总部集训、终端轮岗、岗前培训等来着重培养他们的"激情、团队、执着"的品质，并能尽快融入苏宁大家庭；在"1200 人员"进入部门后，苏宁会安排带教人，进行一对一带教，使他们能明确自己的岗位职责，早日上岗，实现价值。此外，苏宁在坚持"自主培养、内部提拔"的原则下，建立起标准化人才培养体系，分层级全力打造出色的企业接班人。

目前，苏宁引进的大学应届毕业生在苏宁管理干部体系中占比已经超过 15%，"1200 人员"进入公司 2～3 年，80% 以上的人员成长为部长级以上中层管理骨干；部分优秀的"1200 工程"一、二期员工已成长为公司高层管理人员；三、四期员工已成长为集团中层核心管理团队；五、六期员工正逐步进入中层领导岗位；七期员工已全面定岗；八期员工正全面融入。"1200 人员"是苏宁的事业经理人和接班人，他们要有明确的事业追求，对企业有感情，能够承担责任，同时依托企业平台实现个人价值，如下图所示。

苏宁启动针对大学应届毕业生的专项招聘项目——"1200 工程"九期招聘，这是苏宁电器成立二十周年的举措。未来，苏宁将向智慧化、科技

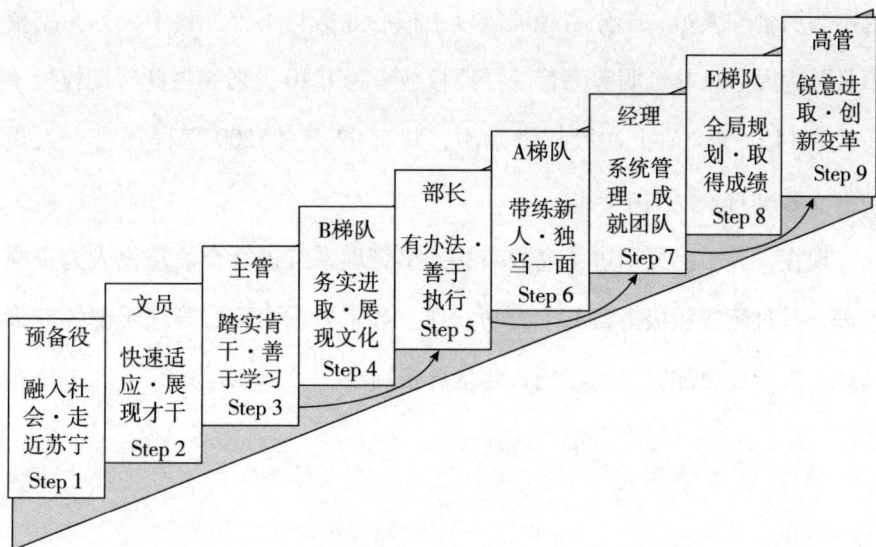

								高管
							E梯队	锐意进取·创新变革
						经理	全局规划·取得成绩	Step 9
					A梯队	系统管理·成就团队	Step 8	
			部长	带练新人·独当一面	Step 7		
		B梯队	有办法·善于执行	Step 6			
	主管	务实进取·展现文化	Step 5				
文员	踏实肯干·善于学习	Step 4					
预备役	快速适应·展现才干	Step 3						
融入社会·走近苏宁	Step 2							
Step 1								

"1200人员"成长路径

化方向转型，基于企业发展的不断壮大和对年轻管理人员需求的扩张，苏宁在全国150多所指定招聘院校中，招聘8000名大学应届毕业生，创下苏宁历年招聘规模之最。此次苏宁招聘岗位涉及职能类、营销类、研发类、财务类、服务类、专业类六个体系、30多个岗位。与以往不同，"1200工程"九期大学生由南京总部统一招聘、统一培养、统一分配。目前，"1200工程"已经进行至十七期。

在苏宁一年一度的年终表彰大会上，经常能看到不同期次"1200人员"的身影，他们已经成为得奖的"主力军"。年终总结表彰大会上，获得总裁特别奖、突出贡献奖、优秀经理奖80人，优秀经营奖287人，连锁发展奖、优秀店长奖、优秀员工奖的"1200人员"合计为1661人。除了年终评优，"1200人员"还能享受年度超额奖励、旺季表彰、旅游奖励等诸多奖励。

苏宁公告显示，公司股权激励方案已获得股东大会通过。激励对象包括公司董事、总裁、副总裁、财务负责人、总部各管理中心副总监级以上的中高层管理人员、部分副经理级以上核心业务骨干等。其中，苏宁副董事长孙为民、总裁金明等高管获授期权数量为 1210 万股，占此次期权授予总量的 14.29%。在此次股权激励中，共有 97 名"1200 工程"骨干人员被纳入激励对象范围中。

现在，苏宁已经引进了高效率的人事管理系统进行全信息化人力资源管理，并且还在积极筹备苏宁大学，建立苏宁全球中高层管理干部的专训基地，以形成更加完善的零售人才培养机制。

第三节 实施"1200 店长工程"

苏宁明白，在电子商务日渐成熟的环境下，门店互联网化已势在必行，线下实体零售企业对门店管理人才的要求也逐步调整。因此，苏宁在全国实施第一批"1200 店长工程"。基于门店互联网化，计划 3 年时间培养 500 名大学生店长。

苏宁云商模式的转型已经开始，但真正引起整个社会关注，意识到苏宁互联网化的决心当属苏宁开展的线上线下同价。作为转型的"知名企业"，苏宁的人才怎样实现互联网化是准备转型的企业都关心的问题。

对于人才的培养，尤其是在互联网创新的背景下，苏宁再一次将目光瞄向了大学生，并依托已形成系统的"1200 工程"，以此为基础进行人才的培养。针对线上线下业务的不同需求和不同特点，苏宁"1200 工程"接力苏宁人才的培养，在传承企业文化的同时，注入新鲜血液，根据不同的业务需求进行专项培养，根据不同的岗位需求成立不同的梯队。

在电子商务人才的招聘方面，苏宁倾向于更具创新思维的年轻人，并针对互联网的特性，建立全面的培训机制，而针对社会精英人才，苏宁更以一种包容的心态邀请他们的加入，给予其空间和成长平台，苏宁易购执行副总裁李斌就是社会精英人才招聘的代表。

随着苏宁门店互联网化的逐步拓展，第一批"1200店长工程"已经开始实施，苏宁1200店长将逐渐进入苏宁全国各个店面，届时，苏宁企业文化的创新也将大规模地推进。

在苏宁内部流传着这样一句形容店长的话："店长就是总经理。"当前新形势下，店长就是苏宁战略地面部队的指挥官，指挥着1600多个业务单元的协同作战，他们是否转型、是否互联网化，关系到整个苏宁的转型。

苏宁认为，店长不仅要经过门店各个岗位的锻炼，还要对采销、财务、人事等管理技巧了如指掌，这是企业宝贵的资源。在门店互联网化的趋势下，他们不仅要会用互联网的技术手段，开展精准营销、推动线上线下融合，更要具备互联网思维，带领团队理解、践行云商转型。借助"1200工程"成熟完善的培养体系，苏宁能够快速满足互联网转型所需关键岗位的核心人才。

在"1200店长工程"启动仪式上，苏宁表示："门店的互联网化，一方面会加强现有店长人才的培养与转型；另一方面，需要更多从大学校园走出来的具有互联网基因、知识型的年轻店长来经营门店。学习动力强、知识技能全面的'1200人员'将成为未来门店岗位的主要来源。"此前，苏宁已经从"1200人员"中选拔了一部分人才担任店长职务，"1200工程"三期上海浦建路店的吴勇刚、五期北京西大望路店的王波等近百位店长，都是从大学应届毕业生一步步走上店长岗位的。

在苏宁，不含福利待遇，店长平均年薪超过12万元，在一线城市的核心门店，店长年薪可能超过40万元，加上股权激励、总裁特别奖等奖励，苏宁已经成就了许多名身价百万的店长。对于"1200店长工程"梯队的大学生，不仅有高额的薪资待遇，还有广阔的发展平台，能够从店长岗位走向大区总经理、采购总监等岗位。

从自身来看，这是苏宁继空调专营转型综合家电连锁后的又一次重大变革，在苏宁线上线下融合模式下，人才的培养成为当务之急，新型商业模式自主人才培养体系也亟须搭建。

一般而言，一名成熟的店长要经过 3～4 年的磨砺，而借助成熟的"1200 工程"，这一过程将被缩短至两年。在"1200 店长工程"启动仪式上，150 名大学应届毕业生成为首批学员。苏宁认为，经过店面、相关岗位轮岗的系统培养，2 年时间这批大学生将逐步走上 D4～D6 级店面店长岗位，表现优秀的店长也将向 D1～D3 级门店店长岗位培养。

苏宁的"1200 店长工程"设置了七级培养体系，分别是实习阶段、营业员阶段、储备督导阶段、在职督导阶段、轮岗阶段、储备店长阶段、任命上岗，并邀请公司内外部优秀高管、讲师对业务知识进行培训。这样的设置能够让大学生在最短的时间内，学习到最有用的知识与技能，并通过终端轮岗弥补经验短板。针对这些大学生，苏宁还专门开设了"沟通技巧""工作方法基础""团队之大雁精神"等课程，并开展户外拓展、社会责任活动等，加快人才的成长。

苏宁是国内乃至全球如此大规模践行 O2O 融合模式的企业，转型过程中，人才的转型至关重要。而从固有的优良人才梯队中，针对转型战略进行系统性人才培养，则是人才转型战略的捷径。苏宁经营战略的转型和人才培养的模式，可能会成为后续企业转型的范本。

第四节 不用"职业经理人"

现在，在苏宁的实体连锁店和易购网上商城，你可以体验到完全相同的产品和服务。这背后是苏宁过去6年期间在产品、渠道、服务方面一步步变革、整合，跨过了转型互联网企业的最大弯道。然而在新的模式下，要想精细化地经营和运作，苏宁面临的最大课题是：整个公司18万的人员怎么转变？

过去3年，为了配合转型，苏宁总部引进了非电器新品类的、互联网运营的IT人才等1600多人，占总人数的40%。团队中90后新人的数量逐渐增加。新入职人员的比重接近一半，对整个企业影响巨大。

一个新人进来了，能不能生存下来？生存下来了，能不能真正胜任这个岗位？胜任了，能不能真正做出苏宁预期希望达到的效果？这些都是未知数。从某种程度来讲，糅合不好会使企业各种业务发展受阻、企业文化冲击稀释，甚至会冲散整个企业转型成果。为此，苏宁实行了一系列的改革。

1. 新用人观：事业经理人

西方资本社会一直推崇职业经理人的概念。一纸契约，是维系他们和企业之间的唯一纽带。虽然他们背景、学识、能力都无可厚非，但是他们陪伴企业的时间有限，在业绩的压力下，很难顾及企业的终极目标和长期利益。

与之相反，苏宁需要的是能够和企业一起成长的事业经理人。他们要立足企业成就事业，继续坚持苏宁传统的拼搏精神，同时也能够适应互联网时代的变革，敢于创新，最终承担企业责任。

事业要有追求。如果高管只是因为绩效考核指标的压力才去工作，对于整个企业发展来说是十分危险的。事业经理人对工作要有非常强大的内在驱动力，他要想做事情、有欲望，给他一个部门，他一定要做到第一，要有追求卓越的意识。

感情认同。苏宁不希望员工仅仅把自己看作打工仔，而是要从心底认同自己是苏宁团队的一分子。过去是靠制度把大家强行绑定在一起，现在则需要有一种共同理念和价值观，把大家联系在一起。同时，苏宁也鼓励企业内部的创业。作为一个开放的平台，苏宁每一个体系经营管理的干部都有立足企业创造、发展事业的机会。

2. 新激励观：事业合伙人

薪资的激励是第一位的。苏宁每年都会进行大幅度的加薪。即便在转型最困难的三年，利润每年减少几亿元的背景下，也没有亏待员工，他们的薪资三年平均增长了50%。

现在发展速度快，激励机制也要采取"小鹿快跑"的模式。苏宁现在一年一大调，3~6个月一小调，短频快的速度，适应企业发展的节奏，适应年轻人的心理预期。

事业经理人是苏宁在用人方面的标准，而在整体激励方面则提出了事业合伙人。每一个苏宁的员工也应当是苏宁的一个拥有者。苏宁刚开放员工持股时，第一期股权给1100多名中高管5亿元金额做2级市场买股票。此后，人数扩大至3000人，金额上升至10亿元。这种企业和员工利益分享机制，不是买股票简单的炒股，更重要的是增强员工对企业的信心。

苏宁坚持的理念是对员工要强调激励，正面的激励。激励永远大于约束，尤其在苏宁这种小团队作战的模式下，激励就是一个最好的约束。苏宁要做到一点，企业和员工共同成长、共享回报。

3. HR 角色的转变

人力资源部门是推动苏宁员工转型的原动力，转型不只是转变用人标准、招聘、培训、员工福利、激励机制等，HR（人力资源）本身的角色也发生了很大转变，人事部门也在变革，推出这个变革有两个很重要的方面。

一方面是组织运作的转变。人力资源部门要真正成为组织上的驱动力，从过去的由专业人士推动变成业务人士的拉动。苏宁云商下面各个不同的业务模块都有自己的职能总部，人、事、权是按照一对一设置匹配的，每一个中心的每一个事业部都要设立一个人事 BP（人力资源服务经理）。他们会跟业务人员一起工作，随时掌握他们的需求，然后制订出相应的人事的工作计划。

另一方面是不同事业部差异化管理。苏宁最新战略是要把事业部公司化管理，不同的事业部门在薪酬、奖励等基础的人事管理上就分出差别，分成不同的标准体系。人事 BP 的三条业务主线是构建核心团队、提升绩效和构建梯队。这三个工作主线都是以人为核心，根据人的不同来做差异化的管理。

　　苏宁人员的转型、人力资源部门的转型才刚刚起步，各个业务单元的人事 BP 只有踏踏实实把每一天的每一件事情做好，建立整套基本的流程和每个业务单元的操作规范，并且不断更新完善，才能最终实现脱胎换骨的转变。

第五节　股权激励，人才战略布局

阿里巴巴上市后，上万名员工分享百亿美元的股权，很多人一夜之间成为千万富翁，互联网公司的股权激励让很多人眼红。发誓"要用互联网思维改造公司"的苏宁也开始行动了。

苏宁的一位高层首次揭秘苏宁互联网转型背后的人才秘诀：互联网转型归根结底是人的转型。因此，苏宁对其员工实施 10 亿元股权激励，加速人才战略布局。这是继第一期员工持股计划之后，苏宁再次推出股权激励计划，真正让管理层的干部和企业共同发展、共创价值和共享回报。

"人力资本是比货币资本更重要的资本"，张近东的这句话最能反映苏宁对人才的重视程度。随着多元业务的拓展，为加速人才战略布局，苏宁推出了包括工资、福利、短期激励和长期激励在内的一系列措施。

早在 2014 年 9 月，苏宁就推出 5.8 亿元的首期股权激励方案，涉及 1000 多名员工。该计划打破了员工入职年限和方式的限制，覆盖广泛，一经推出，就引发业内关注。

苏宁发布公告，宣布完成员工持股计划的股票购买，公司员工持股计划的管理方安信证券，通过二级市场买入的方式完成股票购买，购买均价是每股 8.63 元，购买数量 6100 多万股，占公司总股本的 0.83%。

苏宁的一位员工透露，符合条件的员工都认购了。"这次是真正实施的第一次。根据行政级别来的，还有一些特殊岗位的技术核心员工，符合条件的人基本都认购了。9 月 30 日我们都已经买入了，锁定一年，第二年可以开始交易，两年之后计算收益。公司担保，有 1∶3 的杠杆，我们有 4 份的权益。"

公告显示，苏宁员工持股实际资金总额超过 5 亿元，参与持股的员工不超过 1200 人，借款与自筹资金比例为 3∶1。也就是说，员工出 1 份钱，公司担保 3 份，张近东垫资 3.957 亿元。

此前，苏宁曾尝试搞股权激励，但因为当时的行权价过高，最终没能实现。与上次股权激励只涉及管理层不同，这次的股权激励范围扩大，不仅有中高层员工，还有 IT 研发人员、互联网运营人员和一线店长，也有新公司的空降高管和老员工。

IT 行业专家认为，苏宁有十几万的员工，但这次股权激励只有 1200 人，还是有局限，不过已经是好的开始。"对于苏宁这样的公司，中层无法分享苏宁在资本市场的收益，前些年苏宁的股价上涨很多，员工受益的不多。这次苏宁股权激励，让员工有更强烈的主人翁感。而且现在股价比较低，股权激励的成本比较低。另外，也体现出张近东、弘毅投资等大股东对未来股价走势的乐观态度。"

尽管有足球营销、民营银行牌照等概念，但苏宁股价仍然持续走低，距离 14 元的高价还有一定差距。在此时做股权激励，既是向市场示好，同时也是给员工打气。苏宁前期对于电商业务的高投入，致使上市公司连续 2 个季度业绩承压。据半年报显示，上半年亏损 7.49 亿元，上市十年来首次出现亏损。这也让外界对于苏宁战略转型产生疑虑。业绩下滑，苏宁员工的士气也亟待提振。

员工持股是一种长期激励手段，让员工的利益和公司的业绩挂钩，最大化调动员工的积极性，让员工从企业的发展中获得利益。苏宁推出的新一期股权激励，金额扩大至 10 亿元，覆盖近 3000 名中高层员工，覆盖范围更广、力度更大，受益人群更多由中高层员工向中层延伸，从基层成长起来的业务骨干、技术骨干和新引进的中高级人才都将受益。

短短一年之内，苏宁连推两次大规模股权激励，这充分反映了苏宁的企业自信。资料显示，自三季度以来，苏宁业绩逐季向好，实现净利 8.67 亿元，同比增长 133.19%，苏宁已经成为传统企业转型互联网的标杆。

苏宁正在通过新的人才激励手段，挖掘企业成长原动力，提升企业自身的凝聚力和市场竞争力，全面推进"互联网 +"进程。

随着苏宁互联网零售发展的深入，苏宁的人才结构也由连锁模式的"陆军单打独斗"转变为互联网零售模式的"陆海空天联合作战"。过去三年，苏宁从社会上引进了 1600 多名中高层管理人才，占到苏宁总部中高层总数的 40%。

在人才引进中，苏宁一直坚持事业经理人的理念，反对职业经理人，反对打工心态。在某位高管的演讲中，这位高管反复强调苏宁"事业经理人"的人才理念。甚至，事业经理人还写进了苏宁人才培训基地——苏宁大学的校训之中：事业经理人，当立足于企业，成就事业，执着拼搏，开拓创新，勇于承担终极责任，唯有这样的干部，才是苏宁事业的接班人，百年基业的领导者。

苏宁的事业经理人，是苏宁事业的接班人，苏宁把企业的管理者当作企业创始者的后代来对待，强调员工和企业之间的感情纽带，这是苏宁的与众不同之处。事业经理人既是对员工讲的，也是对企业讲的。

"苏宁用人的标准，有点儿像结婚谈恋爱，激励只是留住人才的充分条件，与人才形成志同道合的理念，才是'婚姻'成功的必要条件，苏宁最强调的还是事业和情感留人。"苏宁的一位高管说。苏宁要做的是百年企业，完成战略、组织、人才系统化再造后，苏宁"完全有信心成为人才来了就不想走的公司"。

第六节　O2O 人才创新战略提速

在"苏宁之夏"晚会现场，苏宁正式宣布，拿出 3000 万元人民币，创立互联网创新基金、人才发展基金，这是苏宁在转型互联网零售、践行 O2O 模式的征程中，将创新和人才组织建设提升到战略高度的重要体现。

"苏宁向互联网零售转型，归根结底是每个苏宁人的转型。"张近东在晚会上向全体苏宁人表示，"苏宁将通过互联网创新基金，推动小团队作战和微创新；通过人才发展基金，提升核心干部的综合素质和能力。"

1000 万元鼓励创新无禁区。创新，是苏宁战略执行年的高频热词。正如张近东在"苏宁之夏"晚会上对"互联网创新基金"的诠释："这 1000 万元就是用来鼓励苏宁人自下而上积极开展创新行动的。创新无禁区，苏宁人要有打破一切条条框框的勇气，回归到零售本质，只要是为了用户，都可以大胆创新。"

作为国内 O2O 模式的先行者，苏宁率先引领行业发展的探索，向互联网零售转型，推出多个创新之举。苏宁融合双线资源，打破业务体系壁垒，将多元化产业创新性地串联，面向消费者提供完善的流程化服务。

在这次晚会上，从运营总部的节目《疯狂的盒子》，到各大区的节目，都不约而同地提到了苏宁"免费贴膜"的活动，这是对苏宁微创新最好的诠释。自 2014 年 5 月以来，苏宁在全国推出"免费贴膜"的微创新产品以来，引发关注热潮，微博话题数高达 200 多万条，为苏宁线下门店、线上移动购物客户端带来巨大引流。据中国 IT 研究中心 2014 年 5 月底监测数据显示，苏宁易购在安卓分发平台上的下载量迅速超过 2211 万，环比增长率高达 93.2%。而这一典型的互联网微创新，正是出自两位苏宁基层员工的创意。

"微创新"逐渐在苏宁成为趋势。财务总部、IT 总部和金融公司互联公司共同表演的《万万没想到之 O2O 大时代》节目，展现了"苏宁 V 购"的强大优势，来自线下门店对用户购买成套家电需求进行的挖掘；物流公司的《青春无敌》节目中，快递员在送快递时主动帮客户把垃圾带下楼的情景，让人印象深刻。此外，多个节目中也都提到了苏宁 818 "闪拍"产品，该产品对网购用户出价竞拍的娱乐式选购心理进行深度反向挖掘，上线当天同时在线人数最高达到了 80 万人，仅汽车就拍出 47 辆……

互联网零售时代讲究用户体验，而微创新正是从用户需求出发的反向定制。"1000 万元只是一个起点，我们上不设限，无论是运营和产品开发与设计、新型市场的推广手段，还是信息平台建设与信息技术创新，只要是对苏宁转型有益，不论是一线员工还是管理者，我们都给予奖励。"张近东表示。

2000 万元打造一流人才团队。在苏宁 O2O 转型的过程中，支撑企业长久持续发展的，必然是稳固的管理团队，在开放、创新的人才队伍建设理念下，苏宁强调以目标和绩效为导向，加强对干部队伍尤其是中层干部的培养。

在"苏宁之夏"晚会现场，人力资源管理中心的节目《转型路上的苏宁人》，就是对这种理念最好的诠释。这个节目以"818 大促"为背景，用舞台剧的形式，呈现出苏宁组织架构建设上的全新变革，在苏宁简政放权的政策指引下，各体系的干部们充分发挥小团队的作战精神，设定目标，创新经营手段，最终获得了"818大促"的阶段性胜利。

比"互联网创新奖励基金"规模更大的，是2000万元的"人才发展基金"。在"苏宁之夏"晚会的高潮处，张近东表示："苏宁将每年拨2000万元，专项用于安排干部出国考察、行业交流、高校深造，就是希望提高干部综合能力，打造一流的人才团队，创造一流的经营业绩。"

根据规划，苏宁每年将选出一批干部出国考察交流，以及到高校读MBA（工商管理硕士），"这个名额每年大概会有将近600多人。"苏宁云商副总裁孟祥胜说，"我们希望通过这些方式，进一步加强中层干部的学习，让中层干部能够活起来、动起来，这也是和我们强调的小团队作战相匹配的。"苏宁已于6月初启动了赴中国香港考察的活动，8月初也组织了一批一线运营干部代表赴日本考察学习，而在2014年第四季度，苏宁还开辟了美国考察路线。

"人才是苏宁的宝贵财富，也是决定苏宁转型成败的关键。"张近东在"苏宁之夏"晚会上再次强调，"未来，苏宁就是要靠知识型干部、创新型人才，实现科技苏宁的第三次创业梦想。"

第五章　落地商业模式，
为顾客创造更大价值

苏宁用 20 年时间从 200 平方米的空调销售小店铺，发展成为中国零售业的领导企业。这 20 年里，苏宁正是通过一次次成功的营销创新，不仅赢得了客户的满意，推动了企业成长；而且改变了行业的发展格局与模式，引领和推动了中国整个家电行业快速健康地成长。

第一节　"服务是苏宁的唯一产品"

先做市场还是先做服务？这是每一家新生企业所关心的问题。当大多数企业选择先做市场、后做服务时，苏宁却选择先做服务、后做市场。表面上看，两者没有什么差别，因为都是在做同样的事情，只是先后顺序不一样而已。然而，奥妙和差异就体现在做事的顺序上。先做市场，服务跟在销售后面跑，客户购买了商品，商家才提供服务，这样一来，往往服务跟不上销售，最终拖了销售的后腿；而先做服务，其出发点是先想顾客所想，急顾客所急，将售后的所有问题都想好，解决方案也准备好了，然后再做销售，这样服务不仅可以成为销售的有力支撑，而且有时还会直接拉动销售，甚至服务本身也成了销售的内容之一。

在家电行业，苏宁是业内第一家建立"配送、安装、维修"一体化服务体系的营销商，这种及时上门为顾客免费安装空调的服务，使苏宁快速占领了南京市场。在刚成立的三年内，苏宁凭借对顾客和厂商的双重"掌控"，做到了春兰空调全国销售第一大户，依靠单一产品、单一品牌年销售达到 3 亿元的规模。

1990—2000 年是苏宁发展的第一阶段，成为国内最大的空调批发商。"淡季打款，旺季销售"的模式，需要大量资金支持，苏宁和银行开始了密切合作。

当年，南京八大国有商场联手封杀苏宁，是苏宁创业阶段经历的一次重大的市场竞争。苏宁以"用规模经营、低价销售、优质服务赢得市场"这一朴素的信念打赢了那一仗。

这一信念到现在都没有变，苏宁始终把服务作为唯一的产品，当年的服务更多的是指服务态度，现在的服务是指服务的能力、服务的实力以及服务在满足消费者体验方面创新和独特的内容。

苏宁前十年遭遇的更大挑战是：中国经济从供不应求阶段进入了供大于求阶段，批发的毛利越来越低，市场空间也受到了上游厂商渠道细分的挤压，与苏宁类似的企业纷纷转行或是倒闭。但苏宁仍然坚持主业，并开始探索从批发到零售的全面转型。

"批发的生意做起来是很舒服的，夹着包到各地吃吃喝喝，就把业务谈成了，做零售则是一件非常辛苦的事情。"苏宁副总裁孙为民说，这一转型在苏宁内部也存在一些异议，张近东以"谁反对谁就走人"的强势态度才推进了内部的统一。

从2000年开始，苏宁进入了以"全面零售连锁经营"为标志的第二个十年，苏宁从一家中型企业发展为中国最大的商业企业，成功上市，进行了物流后台、人才团队以及信息化等建设。

苏宁走的是一条让同行百思不得其解的扩张道路，以南京为发祥地，哪个地方离南京远就到哪开店，哪个地方比南京的竞争激烈就到哪开店。距离越远，品牌影响力就越弱，管理控制能力就越差，一般企业不会选择这样的方式。

"我们那时走了一条在现在看来是错误的道路，但是实际上恰恰是这个看起来错误的选择，最后使得我们成功了。"孙为民说。

苏宁完成全国战略市场布局后，立即与IBM、ICP合作进行信息化系统平台的升级，建设了一套有关人、资产以及财务管理的信息化体系。这套庞大的共享平台为苏宁日后大规模扩张提供了物质基础。在该系统的支持下，苏宁基本每年开300家店，最高峰的时候开过465家店。

苏宁在这个过程中成长为一个大企业，考虑最多的问题是：小企业和大企业最大的区别是什么？得出的结论是小企业是个人管理，大企业的管理则要依赖专业化、标准化的管理架构和制度体系。

苏宁的第一次转型成功了，但挑战马上就来了——电子商务进入了实质性发展阶段，并对整个市场产生了冲击，这让从事了20年传统实体零售业的苏宁非常不适应。然而，历史潮流并不以人的意志为转移，尤其看到金融危机之后国外同行没落的状况，苏宁决定再一次彻底转型，走上了全面电商之路。

而这次转型最大的挑战不是态度，是一个能力的问题，再也不是"让谁走人"就能解决的，包括18万苏宁员工，都必须不断学习，转变观念，提高能力。

完全按照互联网电子商务模式运作的易购，是苏宁在电商这条路上的探索，虽然易购是完全独立的新公司，但苏宁内部仍然会有争议，担心易购会对实体渠道产生冲击。

对于苏宁来说，转型电商是"摸着石头过河的过程"，易购独立运作三年之后，公司的管理层和运营层对于互联网商务都有了清晰的认识，明确第三个十年的发展，定位为"科技转型智慧服务"。

从此，苏宁以一种决绝的姿态走在了电商的路上，虽然它还是保留着一些传统的模式，比如它被业内称为"穿西装的电子商务公司"。的确，是否穿西装其实并不重要，苏宁也并非没有互联网的基因。早在苏宁第一次转型时，就已经关注电子商务，最后选择了实体连锁，而如今时机已经成熟，苏宁进入了第三个十年的新阶段。

苏宁公告称，由于企业经营形态的变化，更名为苏宁云商集团股份有限公司，旗下700多个城市的1700多家连锁店，也全部更名为"苏宁云商"。更名是苏宁要打造新模式、新形象和新组织架构的体现，转型的方向是要实现线上线下融合的O2O模式，线下实体店、线上电商，不再是两个独立经营的公司，而是一个平台。

同年，苏宁推出了线上线下同价的政策，是为了给顾客"同一个苏宁，同一个体验，同一个价格"的印象和感受。几个月运行下来，最大的挑战不是来自苏宁内部，而是外部的供应商——供应商要对它的整个渠道进行重新梳理，消除人为的市场分割所带来的价格差异。

虽然苏宁内部在转型路上达成了共识，但利润同比大幅下降却成为苏宁不得不面对的难题。"企业永远都会在眼前利益和长远利益之间徘徊，如果我能够很好地活在未来，又能够很好地活在现在，这肯定是最佳选择。但是有时候客观上鱼与熊掌确实不能够兼得。"

苏宁最终选择了长远利益。在当前的转型时期，未来商业模式的打造，是苏宁考虑问题的核心，希望投资者不要以现在苏宁利润的增长，评价上市公司好坏，而应以苏宁转型的成功与否，评价其现在的发展。

近几年，苏宁在资本市场、电信、金融领域频频出手，引发业内关注，也有人认为苏宁的这些创新举措显得杂乱无章，是看不清前路的表现。其实，苏宁始终都将自己定位为一家零售商，而且也只做零售，而零售的内容是细化的，之前是实体商品，现在有虚拟商品，未来服务商品也会成为重头，比如电信数据服务、金融服务等。基于此，苏宁才会做虚拟电信运营商，会做易付宝理财，会申请成立银行。

这些创新都围绕零售这一主业进行，一方面做产品延伸，另一方面做渠道延伸。零售商始终在做商品流，即物流、信息流和资金流，围绕这三流高效周转，是苏宁业务的核心。包括商品、信息、货币资金都在向电子化转型，苏宁必须抓住该趋势，这也成为苏宁进军金融服务的最大动力。

苏宁的金融服务围绕三方面来做，一是结算支付和会员数据的结合；二是促进消费者消费的信贷产品；三是向供应商提供融资服务。这些金融服务都是围绕零售业务进行，目的是提高效率、降低成本。

有人说，企业应该如何看待"挣钱"？苏宁认为，做企业不谈挣钱是虚伪的，但为什么要挣钱，怎么挣钱，很多企业对这两个问题可能需要更加透彻和长远的思考。否则，钱挣到了，企业目的达到了，人却没有动力了。

现在，苏宁更多的是讲挣钱的方式，希望通过挣钱方式的改变，给整个行业和社会带来变化，这对于苏宁来说，比挣钱本身有更大的激励作用。

第二节　开创家电零售连锁模式

在许多人眼中，苏宁是一家拥有上千个店面的"大佬级"企业。"买电器，到苏宁"这句耳熟能详的广告语，也让很多人把苏宁简单地理解为就是卖电器。其实，终端店面的电器销售，只是苏宁企业营销的冰山一角。把苏宁简单化地看成是"卖电器的企业"，谈苏宁营销创新只看到店面的那一部分，是无法认识真实的苏宁的。

站在行业转型的角度，奉行大营销理念，坚定创新意识，是成就苏宁奇迹的主要力量之一。苏宁的营销史，折射出的是整个家电行业的演变历程。苏宁每一次大的变革与创新，改变的是一个企业，影响的却是整个行业。

苏宁创新营销之所以能够触发整个行业巨变，主要是因为以下两点：

第一，双重视野的企业战略观。苏宁的营销高管都知道，既要低头拉车，又要抬头看路，要看长远的路能不能行得通，要看眼前的路扎不扎实。卓越企业的共性是：采用双重视野制定企业战略，通过商业直觉和有意识的规划，既专注于短期运营，不会为了未来极具诱惑的目标，而无视和透支现实的生存条件；又着眼于长期运营，不会为了眼前的利益，忽视和放弃未来的愿景。苏宁每一次创新，既有现实的考虑，又兼顾长远利益，立足当前，亦放眼未来。

第二，相容性增长的企业个性。苏宁的创新，追求的是在和谐的上下游关系中，专业分工，共同赢利，共同发展。面对同行业的竞争，苏宁一贯认为，竞争是永恒的、对手是相对的。要尊重对手、培育对手。有市场就有对手，有对手才会更加警觉、自觉地发展。

的确，随着中国经济的发展，家电消费者开始希望得到更快捷、更贴近生活、更优惠、更优质的服务，但当时的家电流通业无论是业态上还是规模上，流通企业无论是在硬件上还是在软件上，显然是无法满足这些需求的。而中国家电市场从供不应求逐步转变为供过于求，对当时的多数厂家来说，也是无法适应的。无论是消费者还是厂家，都在呼唤中国家电流通业的突破，正是在这种背景下，苏宁果敢地站出来，顺应市场要求，进行业态的转变，率先转型做连锁零售，建立自己的零售终端体系。

当家电连锁席卷中国时，许多人都不知道这样一个事实：苏宁不是家电连锁的追随者，而是开创者；它是家电连锁业的探路先锋和开拓者，而非半路起家、横空出世的模仿者。

苏宁是中国整个家电业的全程见证者。苏宁认为，如果把自己的成长史作为一部营销发展史来看的话，其本身就是中游渠道商、上游制造企业分工协作的过程。在此过程中，中国市场上的家电产品，从供不应求到供大于求，从大件的耐用消费品，过渡到日常生活用品，从奢侈品逐步普及为必需品。其间，厂商之间的关系依据市场动态而不断演变，从卖方市场过渡到买方市场，现在的绝大多数家电连锁企业并非这段历史的亲历者，没有亲身的参与是很难体会得到其中的曲折坎坷的。而正是这一特殊的转型时期，催生出中国家电连锁业态。

可以说，中国家电商业企业在 20 世纪末才进入快速成长期，而其得以快速成长的强劲动力来自于家电连锁模式。以苏宁为领跑者的中国商业企业总结自身实践、借鉴日本家电连锁企业的经验，结合中国国情和行业发展特点，开创了中国特色的家电连锁模式。经过短短6年的快速发展，中国家电连锁从区域走向全国，展现出旺盛的生命力。很多人开始熟悉家电连锁是在2000年之后。

追溯苏宁的家电连锁"元年"，不得不把日历翻到1996年，这一年，整个空调市场乃至家电市场，遭遇到一个历史性的拐点。

此前，国内市场上家电产品供不应求，家电制造企业竭尽所能，从国外引进生产线，扩大产能。在家电产品供不应求的状态下，家电制造企业享受着高额利润，经营粗放，更多关注的是家电产品的生产，不需要为市场操心，家电产品生产出来交给批发环节，渠道营销也就到此为止。家电制造企业所谓的销售，无非是平衡不同区域的产品供应量，调整渠道政策。从严格的意义上说，这仍然是计划经济体制下以生产为导向的供应，而不是充分竞争条件下以市场为导向的营销。

家电行业的"暴利"产生了虹吸效应，众多企业在地方政府的支持下蜂拥而入，家电品牌"忽如一夜春风来，千树万树梨花开"。仅以空调为例，全国有18个省、市、自治区有空调生产厂家，共计近300家，当时市场上销售的空调品牌达百余个。面对高额利润的诱惑，很多人加入到销售队伍当中，导致商业流通环节增多。与此同时，一些实力雄厚的批发企业开始进入不同的地区，构建分销网络。然而，物极必反，事物总是在处于顶峰的时候不可遏止地走向反面。从家电制造商到渠道商的连带膨胀，致使家电产品供过于求的时代很快到来。

市场竞争日趋激烈，生存空间遭到压缩，利润被摊薄，家电制造企业坐不住了，他们开始关注市场。一开始，家电制造企业本能的反应是吞噬业内同行。于是，家电厂家之间针尖对麦芒，一片厮杀。限于当时的营销理念，竞争的手法简单粗放，市场争夺战的主要手段就是广告大战和价格大战，而且一发而不可收。

在上游，生产厂家重金投入，通过各种媒体大作宣传，进行广告轰炸，提高自己品牌的知名度。只要翻开报纸、打开电视、收听广播，人们总是可以听到看到各种各样火药味浓烈的广告。而伴随着广告大战越演越烈，作为一个特有的历史现象，"广告标王"应运而生。

在下游，厮杀更是血雨腥风。价格大战导致各厂家大伤元气。很快，整个家电业深陷于自相残杀的红海，市场维持了多年的均衡态势骤然间被打破。

战火很快殃及了渠道商。当时，许多家电品牌商先后进行市场渠道模式变革，提出了"掌控终端、实现渠道扁平化"的变革思路与目标，纷纷向代理商"开刀"。他们一改以往的做法，不但不再扶持家电批发环节，而是采取行动封杀大户，以夺得终端市场控制权。

"砍大户"成为中国家电行业风行一时的词汇。在"砍大户"浪潮中，作为空调行业"老大"的苏宁，首当其冲成为"削藩"的对象。先前互为援手的战略盟友，转瞬之间，一方就成了另一方"渠道扁平化"的绊脚石。面对家电制造企业"封杀"的做法，苏宁从商业经营的角度表示理解："其实这件事本身不是谁对谁错的问题，这是市场发展的一个必然规律。随着市场逐渐供大于求，对厂商来讲，出路是什么？就是降低产品的价格，渗透到更细分的市场中，进一步扩大市场空间。在这个过程中，就是要全面压缩成本，包括渠道等中间环节，肯定要进行一定的梳理。"

于是，苏宁选择调整自身的经营模式，以适应变化。一方面抓住空调行业混战、新品牌不断进入的时机，不断开拓新的合作伙伴，维持其传统的批发流通业务优势；另一方面重新为其驻外地办事处定位，以批发业务为重心转向以零售业务为重心，把一些办事处转变为子公司，在条件成熟的地方开设零售专业店，并尝试进行连锁经营，走连锁专卖之路，做大做强零售业务。

苏宁召开了一次高层会议，正式做出战略转型决策：从"批发重心"回归"零售重心"，尝试进行连锁经营。对苏宁来说，这是一个十分痛苦的决定。当时做出这个决策时，苏宁内部反对的声音很激烈，面对捉摸不定的未来，有人畏惧，有人担忧。因为，现实是所有人都感同身受的：批发业务，四五个人一年就能完成几亿元的业务，而未来之路却艰难、曲折；零售业务，直接面对诸多终端的竞争，将空调一台一台卖出去，上百个人忙活一年销售额不过一亿元。

也就是说，家电批发业务给苏宁带来的优势，必将在家电制造企业"掌控终端、渠道扁平化"的过程中一点一点被蚕食掉，苏宁没有"几年好日子"可过了。变革势在必行。对于家电流通企业来讲，零售终端是未来自己生命的立足点与价值所在。

一方面是"落花流水春去也"，苏宁不留恋过去的成就与辉煌，耐心地向员工做说服工作；另一方面是"青山遮不住，毕竟东流去"，统一员工认识，壮士断腕，坚定不移地调整经营结构。当时，批发部门一年的销售额为20多亿元，在强力压缩下，苏宁把资源从批发部门撤出，集中转移到零售业务上。

1996年3月，苏宁第一家异地子公司——扬州苏宁交家电公司成立，苏宁扬州空调专营店随即开张，苏宁由此开始走向连锁经营之路。也许当时的苏宁也没意识到，在开这家店的同时，竟然开启了一个崭新的中国家电连锁时代。

同年5月，营业面积1000平方米，当时国内最大的空调专营商场：南京苏宁丁家桥商场建成开业。

1997 年，针对厂家取消大户政策，苏宁先后在北京、上海、广州、合肥、杭州、徐州、常州、无锡、镇江等地区建立 30 多家空调连锁店。

1998 年，苏宁的战略转型经过 3 年多的努力初见成效，苏宁以 28 亿元的销售业绩第六次蝉联中国最大空调经销商的桂冠，"苏宁"商标成为江苏首家服务类著名商标。与此同时，投资 3000 万元、占地 30 多亩的南京物流服务中心也在这一年投入使用。

苏宁转型之后，供应商非常欢迎这种业态。经过三年的转型探索，苏宁初步建立了一套全国性的家电连锁经营管理体系。许多家电制造商投入巨大的资源自建网络，效果并不理想，于是选择与苏宁继续合作。而苏宁家电连锁模式初战告捷，也让更多的商业流通企业看到了希望，走上了连锁发展之路。然而，正当诸多商业流通企业效仿苏宁构建连锁网络之时，苏宁又一次做出战略决策：从单一的空调连锁零售转向综合家电连锁经营。

1999 年，在号称"中华第一商圈"的南京新街口，经营面积近 1 万平方米的苏宁电器大厦开业，苏宁正式从单一的空调业务全面转向综合电器。

大型综合电器商场：苏宁电器大厦的开业，是苏宁发展史上又一个极其重要的战略拐点，将其引向一个更加广阔的市场，纵深介入中国市场，深刻地影响了中国家电行业的发展进程。告别一段历史，意味着书写新的历史篇章。此后，在"规模压倒一切，速度决定命运"信念引导下，苏宁开始了家电连锁快速扩张。

如今，看惯了连锁经营的人，可能对苏宁开创的家电零售不以为意。但是，在当时批发业务还盛行的时代，做出这一选择的苏宁可谓"第一个吃螃蟹的人"。在还是国营卖场主导的年代，在厂家封杀的非常时刻，苏宁果断放弃自己做批发的优势，先行尝试一种业界全新的业态模式，这不啻一种伟大的变革。

在一片繁荣景象里，苏宁舍批发专零售，放弃经营多年的二级、三级市场，加强自营零售终端建设，走上了直营连锁之路。苏宁的这一选择，对于中国家电业来说，是一次历史性的突破。将其纳入更为广阔的国际视野，则可以清晰地看出，苏宁在国内家电制造企业"砍大户"之下的无奈之举，竟与时代潮流相契合。

第三节　建立全产业链协同竞争模式

当很多企业把精力集中在同质化的红海里竞争时，苏宁已认识到："要做好市场，先要把自己后台服务的能力建设起来。"只有把后台的服务、物流、信息化建设好，才能实现质的飞跃。在扩张的同时，苏宁更看重后台支持体系的能力提升，从简单的规模与价格的竞争转向组织、人事、采购、服务、信息等综合竞争力的协同竞争。苏宁立体化协同竞争强调，竞争可以在多个点位立体化展开，而同时各点又是协同互补的。在构建内部后台优势的基础上，苏宁把内部优势外部化，以自己的专业、高效带动和提升整个产业链的效率。

如果说开创家电零售连锁新业态，使苏宁找到了一条家电经销商的自我突变之路，成功避开上游制造商的封杀，以渠道的功能定位和价值回归扳正了上游矫枉过正的姿态，奠定了上下游产业链之间的相互依存关系，那么接下来，苏宁要解决两个问题。

首先是怎样让利益相关者满意，特别是让上游家电制造企业不仅仅"依赖"苏宁，而且"信赖"苏宁。

其次是如何跳出同业间的同质化竞争，形成自己的基因和优势，令竞争对手无法复制。"我们开店，别人跟着开店，甚至比赛着开更多的店；我们在终端做促销，别人也做促销……比速度、比规模、打价格战，这些传统套路，很容易被学去甚至被赶超。"张近东说，"我们要跳出来，寻找对方看不见的力量，练内功。"

当家电连锁业态发展达到一个令人惊诧的高峰时，国美直营店新增280家，总店数高达430家。苏宁、永乐、大中年新增加店数分别为180家、90家、50家，总店数分别达到了280家、192家、115家。随着家电连锁店铺遍地开花，家电连锁企业为了吸引消费者，以促销为武器，疯狂血拼，中国家电连锁行业很快便进入了群雄逐鹿的战国时期。

苏宁如果和竞争对手一样，单纯追求开店数量，一味扩大销售规模，只会加剧恶性竞争，从长期来看，不仅会危及自身的发展，也会拖累中国家电上下游产业链。张近东并非学院派出身的营销理论家，但他通过自己亲力亲为的商业实践，切切实实感受到"服务是苏宁唯一的产品"，而要做好这"唯一的产品"，苏宁必然的战略选项只能是"练内功、戒浮躁、强后台、谋发展"，持续不断地提高消费者、家电制造企业等利益相关者的满意度，最终惠及市场、消费者和整个家电产业链。

全国布局，开一家家的店，等于在一盘棋上谋子。高手对决，往往不在棋面，而是盘旋缭绕于其上的心智、气度交锋。于是，苏宁致力于强化"后台的力量"，营造一种无形的气场。在国内同行通过资本运作模式疯狂地跑马圈地，比开店速度、规模，以价格为主要竞争手段的大背景下，苏宁选择了差异化的竞争路径，放弃了外延主导的扩张模式，为中国家电连锁业、家电产业链注入了全新的内涵。

苏宁确立的竞争模式是：以内涵式增长为主，辅以外延式扩张；以后台建设为本，促进前台扩张，把内部优势外部化，以自己的专业、高效带动和提升整个产业链的效率，以自我约束的商业行为把中国家电行业引向集约化竞争。

比如，从对手到携手，阿里巴巴与苏宁合作了。二者的合作表面上看是为消费者提供更好的服务，提升消费体验，从深层次看将形成更加丰富的商业生态，大幅提高竞争力，最终实现共赢。

没有永远的对手，只有永远的利益。电商巨头阿里巴巴与线下零售业巨头苏宁云商合作了一笔大买卖：根据协议，阿里巴巴集团将投资约283亿元参与苏宁云商的非公开发行，占发行后总股本的19.99%，成为苏宁云商的第二大股东。与此同时，苏宁云商以140亿元认购不超过2780万股的阿里巴巴新发行股份。双方全面打通电商、物流、售后服务、营销、大数据等线上线下体系。这笔大买卖背后蕴含着怎样的深意？线上与线下巨头的携手又将对行业造成怎样的影响？

阿里巴巴想要苏宁什么？这个问题的答案相对简单。阿里巴巴CEO张勇在题为《念念不忘，终有回响》的致阿里巴巴全体员工的内部信件中表示："阿里巴巴要用最快的时间，把双方合作变成消费者实实在在的方便和实惠。"阿里巴巴表示，苏宁的3C家电品类与天猫电器城结盟；苏宁的线下配送安装服务体系以菜鸟合作伙伴，服务所有淘宝、天猫消费者和商家；苏宁覆盖全国的1600多个线下门店、3000多家售后服务网点、5000个加盟服务商以及下沉到四、五线城市的服务站，也将与阿里巴巴全线打通。

因此，阿里巴巴最希望得到的是苏宁长期积累的线下资源。通过合作，苏宁可以帮助阿里巴巴加速渠道下沉，深化其在三、四线城市的品牌影响力，获得完善的物流与门店展厅资源，同时建立起在传统3C家电领域供应商与客户群之间的影响力，获取更多话语权。

苏宁想要得到阿里巴巴什么？这个问题的答案略显复杂。毕竟苏宁此前一直把互联网战略作为未来发展的支点，甚至把自己的名字由苏宁电器更名为苏宁云商以彰显其决心，天猫和淘宝也一直被苏宁视为线上的竞争对手。但苏宁的线上业务拓展并不顺畅，作为 B2C（商对客电子商务模式）平台的渠道商，远远逊色于京东，O2O 上也缺乏突破，在竞争中出现了颓势。的确，从财报数据来看，当年第一季度，苏宁易购自营销售收入 58.97 亿元，开放平台实现商品交易规模为 11.77 亿元；而在京东方面，这两个数字则达到 509 亿元和 369 亿元，两者在体量上的差距已相当悬殊。

所以，苏宁的当务之急就是获得更多用户与流量。分析师们认为，对于苏宁来说，除了阿里巴巴将为其注入更多品牌和百货供应商资源外，最大的收益还是来自于流量。这种合作类似于小米和天猫的合作，对于苏宁来说，在天猫平台，既可以保持自己品牌的独立性，又可以与阿里巴巴进行一定的流量互换。

同时，苏宁与"阿里系"企业诸如蚂蚁金服、UC 浏览器、高德地图等的合作，也会更加顺畅。以第三方支付为例，未来苏宁在线上与线下 1600 多家门店，很可能都将接入支付宝，与芝麻信用、供应链金融、消费金融等互联网金融业务也有可能达成合作。

张近东在合作新闻发布会的演讲中表示："成于开放，苏宁和阿里巴巴的合作必将成为'互联网＋零售'划时代的一个事件，我们也必将成为中国商业历史上新的一页。"这一页究竟是什么？如果仅从 B2C 市场的格局来看，阿里巴巴与苏宁牵手，显然直指京东。不过，短期内，两者的协同效应未必能够迅速体现出来，会造成双方友商的何种反应还拭目以待。

从中远期来看，O2O 将成为阿里巴巴与苏宁合作的"破局"之道。"必将影响我国零售业业态融合速率，加速中国零售产业的全产业链与全渠道的打通。O2O 等线上与线下资源整合模式，必将迎来一轮高速发展，从而推进零售业互联网化进程。"

阿里巴巴认为，线上与线下的融合会带来打破场景限制、优化消费路径、提升配送效率、完善售后服务等变化。但更重要的是，来自苏宁线下的消费者数据和来自阿里巴巴的大数据、云计算技术，会为产品创新带来新路径。

苏宁认为："在扩大线上的同时，苏宁也要同时升级线下，并借助阿里巴巴的大数据，推动定制时代的到来，推动中国制造向中国创造升级的发展。双方可以实现优势叠加，一起探索O2O的标杆。"从2015年上半年的情况来看，苏宁云商的互联网零售发展，已经进入到收获阶段。创新的云店模式得到了消费者极大的认同，比门店同比增长8.92%；苏宁的供应链和物流能力也在不断提升，仓储面积达到500万平方米，在中国90%的城市实现次日达。

苏宁和阿里巴巴的合作，有望实现多赢。首先，对于消费者而言，双方将打破场景限制、提升配送效率、完善售后服务，更好地服务于用户，提升消费体验。其次，对于合作双方来说，改变的不仅仅是零售平台，而且将形成包括大数据、云计算等在内的更加丰富的商业生态，展现数字时代商业的全新面貌，大幅提升竞争力。最后，对于平台商户、供应商而言，通过全球化平台的打造及信息技术的推动，实现供应链上的伙伴共赢，以满足消费者需求为目的，带动整个生产制造业的转型。

第四节　颠覆性大变革，引领零售业自营模式

在成为家电行业营销第一后，苏宁开始改写行业规则。按照行业规律及自己的规划，着力提升自身服务供应商、服务消费者的能力，从品类研究切入，丰富商品经营，从店面销售突破，建立专家型销售队伍，最终提高全产业链的效率和竞争力。

市场是变幻莫测的，在政治、经济和社会各种力量的作用下，异彩纷呈，而竞争、变化则是永恒的主题。面对不同阶段的竞争，苏宁不断地告诫员工，特别是高管："当市场上有领先者的时候，胜利取决于能否超越同行；当自己是领先者的时候，胜利取决于你能否放下过往成功的包袱。"

当苏宁登上中国商业连锁业老大的位置时，面对一个全新时代，要怎么做？苏宁非常清楚：市场比营销变得更快。因而，营销一定是在随时变化中，是一个动态过程，必须随着企业战略定位、产品生命周期、市场发育程度、消费者需求特性、区域市场差异、企业资源匹配、社会人文环境以及竞争状况的不同而变化。

虽说外界对苏宁内部的商业运作不甚了解，但业内人士普遍认为，苏宁从小到大、从弱到强，有一种内在的成长动能，在不断积聚的势能中，以动态力量"不断从一个战略高地转向另一个战略高地"。事实上，张近

东的大营销思想，从苏宁诞生之日起，就为它注入了有别于竞争对手的基因。

在苏宁和清华大学联合主办的中国家电连锁行业趋势论坛，暨苏宁电器发展策略研讨会上，张近东第一次在公开场合表露了苏宁的雄心——三年之内领跑中国家电连锁行业。苏宁正式公布了未来三年的四个发展方向。

第一，以效益为导向，致力于提高单位面积产出、人均销售产出、可比店面增长，避免"规模不经济"。第二，挖掘顾客需求，满足顾客的服务体验需求，引导市场消费，提升苏宁的品牌价值，回归零售的本质工作。第三，深化与其相关联的上游制造业、下游消费者和横向合作伙伴的关系，共享价值。第四，对组织效率、系统管控、人才培养、文化凝聚等方面的发展瓶颈进行改进，弥补短板。

在苏宁一次又一次的营销创新中，有没有一种东西贯穿始终？在应万变的过程中，不变的根本是什么？其实，苏宁的营销思想归根结底有两个基本点：第一，服务好供应商；第二，服务好消费者。供应商、消费者是苏宁每次营销变革与创新的出发点和最终归宿。苏宁"将服务视为永恒的看家本领"，不仅强化服务态度，更要提升服务能力，这是苏宁不断完善自我、突破自我的原动力。

一个显而易见的事实是：那些卓越的企业领袖，都为其企业打上了自己鲜明的烙印，以个人独特的思想、品格影响着企业的营运，形成了独特的企业文化和核心价值。一个企业的长久生存，最重要的条件不是企业的资本、产品或管理技能，而是正确的企业价值观和营销战略。企业的命运如何最终由价值观决定，核心价值观决定企业发展方式，决定企业对社会的贡献大小。

成绩斐然的苏宁，固然离不开十几万员工的共同努力，但是谈苏宁，无论如何绕不开其创始人张近东。其超前意识、长远目光、务实谨慎、低调稳健、认真执着和社会责任感，对苏宁的影响是深远的。

在业界，苏宁属于不折不扣的稳健派。"零售业是一场没有终点的马拉松，来不得半点投机，要坚持每一步踏踏实实，需要时间和耐力。"谈及企业的发展，张近东说，"苏宁不排斥并购，但一定要清楚，零售网络并购，1 加 1 不一定等于 2，更不一定大于 2。并购之后一定要全面整合。靠吃兴奋剂比赛是没有用的，只有靠内功才能赢得最终的成果。我知道这个市场一定是我们赢，因为苏宁追求的是长远的东西，我认为这是一个价值观决定的问题。"

在张近东看来，中国改革开放之后的 30 多年，是民营企业发展千载难逢的机遇期。有些创业者缺乏持续激情，小富即安，急流勇退；有些创业者急于求成，热衷快富、暴富，希望瞬间把企业做大，浮躁的心态决定了失败的悲剧。虽然市场变幻莫测，新技术蓬勃兴起，但并不意味着踏踏实实、一步一个脚印的执着精神就过时了。张近东不仅身体力行，也一再要求苏宁高管要静下心来，以负责任的心态踏踏实实地做事业、做实业。

中国经济转型，就是需要有人踏踏实实去做。苏宁创业之初，没有任何背景，没有多少资本，是一个原生型民营企业，从一个销售空调的小店起步进入中国 500 强，迈步世界 500 强。苏宁相信，更多的企业只要踏踏实实做事也可以成功。

有人认为，苏宁踏踏实实创业、循序渐进发展比较吃亏。对此，张近东说："确实，从短期看，我们在很多方面有付出，有投入，一时看不到回报，比如信息、物流、乡镇店等平台，苏宁也不一定非要自己做。事实上，我们的很多业内同行都是交给第三方承担的。媒体认为那才是主流……但是，我们不会因为别人怎么做，就放弃自己的价值观。我觉得能够带动、带领苏宁真正成为标杆，让整个行业合作共赢，这才是我们要达到的目的，其间所吃的亏也是必须付出的代价。"

第五节　服务好供应商，服务好消费者

　　苏宁在南京举行全球供应商大会，向全球 500 余家知名家电供应商及其他领域的合作伙伴，阐述了未来十年的发展规划与战略。未来十年，苏宁将加速供应商合作模式的转变，加速推动自身变革与行业未来发展，强化"开放资源平台、智慧供应链平台、云服务平台、战略型厂商合作平台"四大平台的建设，为消费者、供应商、行业与社会创造更大价值。

　　基于新十年的发展目标和自身企业状况，苏宁重申了科技转型服务升级的总体方向。苏宁新十年的发展，主要体现两个显著变化。

　　一是从一、二级市场为主导向三、四级市场和海外市场的拓展。未来十年，苏宁连锁网络将全面覆盖中国绝大部分的县级市场和华南、华北、华东发达的乡镇市场，店面总数达到 3500 家。同时立足中国香港市场，渐进拓展东南亚和欧美市场。

　　二是从家电专业实体连锁，向虚实并重全品类网络购物升级。苏宁将借助网络购物平台，发展百货、图书、家居、家用等全品类商品经营，拓展虚拟商品、内容商品、服务产品的经营。建立一个线上线下联动、前台后台兼容的一站式购物平台。

　　服务好消费者、服务好供应商是苏宁高速稳健增长的重要基础和有力保障。未来苏宁将竭力打造四大价值平台，实现与供应商的共赢，创造更大的社会价值。

服务供应商，打造开放型企业资源平台。作为社会化大企业、行业龙头企业的渠道商，苏宁的价值在于服务供应商的能力，而服务能力则取决于企业资源面向社会、面向供应商开放的程度。

苏宁将为供应商提供开放高产的店面资源。苏宁实体连锁中的自有高产出店面，将成为供应商展示品牌形象、开展终端销售的平台。在网络购物中，苏宁易购将开放供应商平台，建立更多的 B2B2C（供应商对企业，企业对消费者模式）品类门户窗口，着力提高服务供应商的能力。

苏宁将与供应商共享现代物流资源。未来 5 年，苏宁将在全国 60 个地区实现物流作业的信息化、机械化，10 个地区实现物流自动化。

苏宁将为供应商提供融资资源。一是运用买断、包销、定制等手段，增加预付大单采购。二是联手上游厂商和金融机构，建立供应链融资模式，创新订单授信融资、库存担保融资等多种服务供应商的融资形式，充分发挥渠道的融资功能。

苏宁将承接供应商的服务外包资源。未来十年，苏宁将增加云计算数据中心的数量、提高建设速度，在全面实施企业内部专业共享管理的基础上，逐渐开放企业店面出样、财务核算、人力资源、呼叫中心等公共管理平台，使供应商管理总部对分散的顾客诉求订单、店面出样商品、终端销售人员，实现实时集中管控。

服务消费者，完善智慧型供应链平台。厂商之间的合作成效，取决于双方协同为消费者服务的能力。苏宁将借助店面、物流、售后、信息等资源，与供应商联手共建服务消费者的智慧型供应链。

智慧型供应链体现在推式订单与引导计划生产上。苏宁希望与供应商协作，辅助指导渠道商自下而上发起订单，引导行业有序采购、有序生产。智慧型供应链还体现在出样管理驱动与自动补货上。苏宁的管理目标，就是要开放企业管理信息系统，开放店面资源、仓储资源，实现供应商实时动态的店面出样管理、物流仓位管理，立足店面出样效率、仓位周转效率，驱动供应商可视化地自主管理店面出样，建立仓位自动补货运行机制。

服务社会，创建人际互联、人机物联的云服务平台。未来十年，互联网纵深发展，个人移动互联时代深入普及；物联网应用日趋广泛，从公用事业范畴，进入家庭和个人应用。基于这样的发展趋势，苏宁将创建人际互联、人机物联的云服务平台，建立行业标准。苏宁将建立全流通的物流技术标准，将在国家条码标准化管理机构的指导下，协同业内厂商，加快推进全行业、全流通的条码标准化工作。

苏宁将建立跨行业的物联技术标准。基于互联网和个人移动互联平台，开发开放的应用软件，开放物联传感接口，业内生产企业、网络运营商、零售服务商、软件开发企业必须协同努力，共同创建开放共荣的新技术平台。

服务行业，共建战略规划型、年度计划性厂商合作平台。对于未来的发展，苏宁希望能够在厂商之间建立战略型长期合作关系，规划3～5年内双方合作的销售增长目标、地区发展目标、各自利润增长目标等，以更加长远地制订工作目标、更加科学地考核双方的工作成果。

同时，苏宁希望与供应商建立以提高供应链效率、效益为核心的战略型厂商合作新模式。其核心原则是以顾客为导向、以产品为核心，以供应链的效率和效益为指标，苏宁将持续地以提高渠道效率为方向，提高服务供应商的能力，通过为供应商创造更大的价值，获得苏宁成长的价值。

苏宁未来十年的战略规划，具备明显的前瞻性，关于厂商合作以及价值平台构建的理念令人印象深刻，期待苏宁为供应商、消费者和行业创造更大价值，引领中国零售行业的变革转型。

第六章　面对行业并购，淡定从容

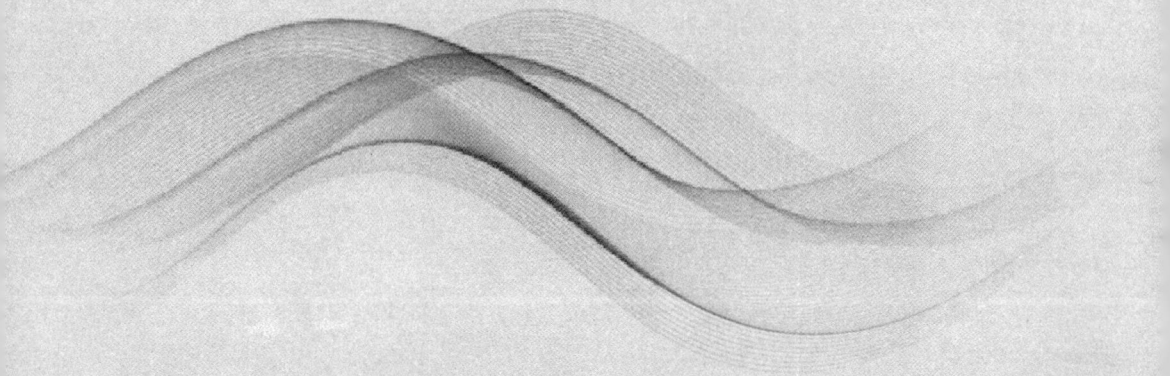

"2008 最佳商业模式"的冠军得主——不温不火的苏宁为何会突然发力，战胜了风风火火的国美？面对行业大并购的诱惑，苏宁为何依然能保持淡定从容？

第一节　旗舰店是增长领头羊

作为"2008 最佳商业模式中国峰会"上的冠军，苏宁在金融危机中逆势扩张的举动，有力地阐释了"韧性"这一年度主题。但它也让公众疑惑，因为它没有国美那样疯狂并购与资本腾挪的惊人之举，为什么会突然发力？

那么，苏宁盈利的背后到底存在什么样的商业逻辑？如何能将顾客、物流、供应商同步联系在一起？连门店差旅费报销都掌控在总部手中的零售帝国，如何依靠信息化的"航母平台"，实现管理的中央集权？

一向打得火热的家电零售业突然冬雷阵阵，"美苏争霸"开始上演"城头变幻大王旗"的格局。国美电器董事长黄光裕被有关部门带走协助调查。不久后，"美苏"相继公布的第三季财报显示，国美收入为 363.93 亿元，净利润为 15.9 亿元，总门店数 847 家。而同期苏宁电器虽然只拥有连锁店 784 家，比国美少 57 家，但却实现营业收入 391 亿元，净利润 17.12 亿元，再次领先国美。

如果说国美的领先，公众还能从它在资本市场上的闪转腾挪，在跑马圈地上的疯狂举措，大手笔收购永乐、大中和三联等行业的霸气中领略一二，那么苏宁的赶超，却似乎缺乏让人耳目一新的惊人之笔。

那么，"2008 最佳商业模式"的冠军得主——不温不火的苏宁为何会突然发力,战胜了风风火火的国美?面对行业大并购的诱惑,苏宁为何依然能保持淡定从容?

在南京最繁华的市中心新街口,两家国美门店夹击着苏宁的南京旗舰店,三者相距不到 50 米。新街口店是苏宁成功实现从单一空调经营转到综合电器流通领域的一次里程碑。苏宁又投入千万元巨资,对新街口店进行升级改造,成为集信息家电、综合家电、家庭氛围于一体的全新旗舰店。它的成功升级预示着苏宁电器在全国范围内的"3C+"连锁架构已基本成型。新街口店营业面积 5600 平方米,共有 5 层,分布格局是:一楼主营通信、数码产品;二楼主营小家电,包括灶具、热水器、饮水机等;三楼主营彩电和音响;四楼主营空调、冰箱和洗衣机;五楼主营电脑、电子辞典等产品。其中开创业内家电商品布局先河的是,所有信息类家电采用的是开放式货架,所有商品一品双签,让顾客在选购商品的时候能全面接触商品、了解商品的各项功能和信息。在竞争日益激烈的市场大潮中,新街口店无论是对内还是对外,都始终保持着销售、服务领头羊的地位,是全国苏宁电器的样板店。

相传,为了打击苏宁的士气,国美董事长黄光裕亲自带队在南京蹲点设计了这两家国美。开业之初,曾引发全国媒体一片喧嚣,苏宁电器甚至联手五星电器严阵以待。但 3 年过去了,苏宁已能泰然处之,因为新街口店的营业额已经从当初的 12 亿元,冲破 2008 年营业额 18 亿元的大关,远超国美两家门店的总和,毫无争议地成为"中华第一旗舰店"。

新街口店虽然是苏宁的"老巢",但这种竞争格局似乎是"美苏"全国战役的一个缩影。苏宁在门店数量上至今落后于国美,但是其上市公司经营业绩,却已经领先国美近 20 亿元,很明显,苏宁的单店收益高于国美。"这就是我们的旗舰店战略,门店数量少,而业绩高的原因。"

孙为民非常自信地强调，"我们通过自主开店的方式，肯定比同行收购要慢。既然我们无法在门店数量上与对手展开全面竞争，那么选择提升单店平均盈利水平，特别是围绕'旗舰店战略'，采取'中心开花'的方式，就成为拉动整体业绩的重要举措。这两年的业绩显示，5000平方米以上的大店虽然只占苏宁总店数的10%～20%，但是利润却占苏宁总体利润的40%～50%。而且，在核心商圈、核心位置的旗舰店更是利润'制高点'。"

从此，苏宁正式开始了全国"3C+旗舰店"的战略布局。目前，苏宁在全国已经拥有106家"3C+旗舰店"，超过2万平方米的核心旗舰店也有近10家。

例如，苏宁山西路店位于南京山西路商圈的核心位置，营业面积达18000平方米，经营品类涵盖了空调、冰箱、洗衣机、彩电、手机、厨卫电器、生活小家电、数码产品、电脑等。自开业以来，苏宁山西路店成为中国家电连锁的卢浮宫，西门子、LG、海尔、三星等众多品牌将其新品发布会选在了这里，整个商场装修豪华，主要以高端时尚的家电产品进行出样，对开门冰箱展示区、平板形象展示区、剧场式影音体验区等。

苏宁山西路店以成功的"3C+"模式为蓝本，吸取国外家电连锁店未来体验式元素，在店堂装修、产品出样、配套辅助设施等方面，按照以消费者为导向的理念进行升级。众多品牌此次推出的产品专区，均是按照未来概念店的模式进行设置，如飞利浦彩电的无线互联体验店、诺基亚在南京唯一的一个品牌概念店、TCL彩电南京唯一的一个剧院体验区等。

同时，苏宁电器在山西路店之中也设置了手机加油站、休闲餐饮区、数码冲印区、3C 家电维修中心等相关配套设施。在一定程度上，苏宁山西路店已经成为一个未来家电"SHOPPING MALL"（超级购物中心）。周边有众多配套餐饮娱乐商业设施，如苏宁银河国际购物广场、苏宁银河索菲特酒店、湖南路商业街、狮子桥美食街，另外，改造后的苏宁山西路店中也开设了休闲区，对外销售珍珠奶茶等休闲食品，同时，必胜客餐厅也近在咫尺。

苏宁电器山西路店以商圈核心的地位，产生了强大的积聚作用，形成了以该店为核心的一个时尚消费商圈。

苏宁山西路 3C 航母店是亚洲规模最大、档次最高、品牌最全、功能最齐的电器单体店，包括西门子、松下、索尼、东芝、三洋、LG、三星、伊莱克斯等日、韩、欧美著名电器巨头在此店以流行的设计理念、专业的展示手法设立的概念厅、数码厅和精品厅。苏宁山西路店各楼层如同卢浮宫各大艺术馆，频现经典之作，吸引了一大部分享受品位生活的成功人士，形成了固定的高端消费群体。

由于山西路店整合了数码产业、IT 产业、高端家电产业和通信产业的巨大资源，也使家电传统销售模式得以彻底改变，业态的提升带来了巨大的市场空间，也使得山西路商圈布局更趋完善，竞争力大大提升。同年，旗舰店战略就成为公司收入增长的领头羊。可比店面的销售收入增长中，旗舰店收入同比增长 18.76%，明显高于中心店的 14.91%，社区店的 15.21%。另外，根据 GFK（全球五大市场研究公司之一）数据显示，行业销售前十的连锁店中苏宁就达到 7 家，这些超级旗舰店的年销售规模平均都在 5 亿元以上。

在苏宁的阵形中，旗舰店除了充分提高收益外，还起着提升品牌形象的作用。因此，越是大型的旗舰店，选址越是处于核心商圈，得到总部的资源支持越多，产品档次越高，品类越全，卖场体验厅的布局更宽广、更人性化。五一黄金周期间，苏宁全国近 100 家旗舰店，平均每店的备货额都超过 1 亿元，单店促销资源达 2000 万元，品类平均降幅超过 15%，如此大幅度的冲击，自然能辐射范围更广的消费群体，传达更强的品牌信赖。而原有的社区店、中心店则继续发挥方便顾客的作用。

第二节   前台"傻瓜化"

作为苏宁的旗舰店战略,在"旗舰店 + 互联网"的战略下,地区旗舰店作为苏宁未来店面的主力形态,对于开拓二、三级市场,优化店面结构,提升单店效率,树立二、三级市场商业零售店面标杆,有着重要的示范作用。

在传统家电卖场里,顾客购买商品后,销售员会开具手写的单据,然后顾客就满手拿着单据四处奔波,分别在几个地方等候结账,再把付款后的单据收集齐全交给销售员。销售员还需要每天下班前汇总好售货单据,再转交给物流仓储人员安排送货上门,如此一来,送货时间就大大延迟,遇上节假日高峰期,人力、物力就只能满负荷运转,还经常出错。

对于顾客而言,良好的服务体验是吸引回头客的前提,那么现在的苏宁会如何做呢?如果客户现在要购买一台海尔冰箱,销售员只需要用扫描编码的方式,把客户购买的冰箱型号、送货地址和客户的个人基本资料,扫描到一个类似于 ATM(自动提款机)的电脑终端,相关数据就会同步传送到物流中心,立即安排发货。整个过程完全是无纸化操作,数据从门店输入到传递给物流中心,仅仅需要 2 分钟时间。

"这是一个看似'傻瓜式'的简单操作,但我们却花了 3 亿元请来 IBM(国际商业机器公司)进行 SAP(企业管理系列软件)/ERP(企业资源计划）建设。"孙为民解释说，"家电零售原本很简单，一手买进，一手卖出。但如果你面向的是 2000 万顾客、173 个地级城市、1 万多个合同供应商时，一个简单的失误通过各种排列组合，就可能会演绎出无数复杂的麻烦。不仅使效益受损，更重要的是恶化了消费者的购买体验。"

对此，一线的店员深有体会：过去，苏宁前台的销售和后台的仓库并没有系统相连接，虽然有个 DOS（磁盘操作系统）版的信息系统，但非常初级，经常将货卖错。比如明明后面已经没有货了，可前面照样给卖了出去，而同时许多货摆在后面却卖不出去。但现在苏宁已经解决了这个问题，因为前台的店面和后台的物流已经实现了同步化。

苏宁的发展，是对中国本土电器连锁商业模式创新不断探索的过程。从其艰难的探索过程看，他们的经验至少有以下几点：

第一，回归商业本质。由于中国转型期孕育了大量的商业机会，许多企业在面对新的机会诱惑之时，往往会偏离已有的商业轨道，对于自己是什么、自己是干什么的认识不清。而苏宁逐步认识到：电器连锁的商业本质，就是以消费者需求为中心，让顾客购买电器更舒服、更方便一点儿。

第二，管理升级。前台"傻瓜化"离不开后台管理层级的提升，许多企业也上了 ERP 系统，但成功者寥寥，关键是没有处理好人与机器的关系，而苏宁是从战略上认识到：信息管理手段是现代连锁成功与否的关键。没有"物理集中、逻辑也集中"的指挥系统，连锁越多，只能是漏洞越多。管理升级还体现在与供应商的系统管理上，通过 B2B 供应链管理系统，节约了供应商的成本，也就拉近了与上下游的关系。这是一种"先予后取"的战略思维，为供应商搭建了提升效率的平台，供应商自然愿意付费购买增值服务。

第三，人才战略。苏宁始于 2002 年的"1200 工程"，就是在全国范围内招聘 1200 名大学应届毕业生，目前已发挥了巨大作用，许多人已成长为经理级人物。苏宁的成功在于其明显的聚集效应，但物流的节约、协同效应的发挥关键在于人才的协同。处于黄金期的中层管理干部得到大批培养，又获得了股权、成长机会等激励，这是苏宁电器最大的资本，也是其战略之举。

第三节　"5315"实现物流"同步化"

同步化物流是精益生产系统的重要单元，是一种通过规范生产流程，保证生产物料的连续流动，增加生产的柔性，以满足客户不断变化需求的现代物流管型技术。换句话说，同步化物流就是以社会需求为导向，以人为本，以技术为支撑，以尽善尽美为目标，合理配置和使用组织中的各种资源，消除组织生产经营活动中一切不产生附加值的活动，从而达到企业最佳经济效益的企业物流管理技术。同步化物流的基本目标是：企业同时获得极高的产品质量和非常大的生产柔性。

那么在以前，当顾客为商品付账后，苏宁的物流是怎样运转的呢？

"在POS机收银后，门店以手工录入的方式将订单传递给仓储部门，需要一定的时间，然后由仓储部门汇总，到中午12点或者下午4点截止的时候，才能统一派工，装车送货。这样货车开出至少要在两个小时之后。"苏宁南京雨花物流中心仓储部钱明部长说，"因为这套流程的核心就是以业务为中心，所以营销业务、采购业务和物流业务等每个业务各有一套系统。"

这样的安排形成了一个怪现象——操作工人上午无所事事，下午却累得直不起腰。为了让物流顺畅，苏宁仓库一直得保持高峰期的人手，浪费大量人力。另外，采购与物流也存在着同样的脱节现象，采购员采购了货物往往不会通知仓库,导致仓库很可能突然收到大队汽车的货物,这不但会打乱人工安排,更会使仓库无多余容量吸纳新货。为了防止这种突发情况,平时仓库 1/5 是闲置的,从而导致物流成本长期居高不下。

关键的问题还有,苏宁各分公司的平台不统一,各自为政,相互流通困难,从镇江调一车货去南京,要计算成两个公司的买卖,在手续上的麻烦就一堆。苏宁在每个地级市都有一个分公司,就不得不建一个物流基地,在全国就有 80 多个仓库。卖一万种商品,每个仓库就必须存放一万种货物。无论商品好卖与否,仓库都得存上一部分,使得苏宁大量的资金堆在了仓库,甚至直接导致了苏宁在一些二、三级城市亏损,以及在全国地级市扩张的步伐减缓。

为了彻底改变这种现状,苏宁提出要在 3 年内建成包括 15 个物流基地在内的"5315"计划,正式开始兴建大型物流基地。

在刚投入使用的南京雨花物流中心,整个物流中心占地 4 万平方米,全部都是高度机械化的立体库,所有商品的大型纸箱都依靠叉车整齐地堆码在仓库总高五层或六层的码箱中,没有丝毫凌乱与错位。所有商品进门都会设定唯一的条码,输入 ERP 系统,并存放于专属位置。一旦门店 POS 机下单,配送中心会同步产生出货指令发给现场的拣配工,每个拣配工都有一把类似于手机的电子接收终端——"RF 枪",他们会根据货物型号、存放区域和装卸区域信息,将货物从立体库中搬运到指定的装卸区域等候装车。这样拣配工不用等货车来了,订单汇总后再装车,可以全天候工作,而货车也无须等候,中午 12 点和下午 4 点的时候准时出发,比以前提前了两个小时。

通过建设现代化物流,现在苏宁每亿元销售额只需 500～600 平方米仓库支撑,而以前至少需要 1000 平方米,仓库的总面积下降了 40%。在进、销、存统一了平台后，仓库操作工人可以全天候工作，效率大大提高，人力成本下降了 50% ~ 60%。在南京物流基地，员工甚至由原来高峰期 400 人降到目前 100 来人，这还包括管理人员。仅此两项给苏宁节省的成本就十分惊人。

与过去同期相比，已经节省了 3000 多万元。更重要的是库存周转率大大提高了，资金占用率下降了很多。根据统计，苏宁库存周转率提高了 60%，资金占用率至少降低了 40%。

第四节 B2B 供应链与厂商"直联"

物流系统联系着两端,一端是销售,另一端就是采购。如果销售理顺了,物流同步了,而与供应商的采购不能适时跟进,那么就可能出现要么断货、要么积压的问题,所以强化与供应商的合作,也是提高效率的一个关键。

现在苏宁全国合同供应商一共有 14000 多个,商品型号、品类相当繁杂。比如与三星之间的往来账目,以往一个星期的往来票据堆起来就有一尺多高,每次到了结算的时候,双方都要耗费大量的人力、物力进行手工核对和交接,出错也就再所难免。而从 2005 年开始,苏宁就与三星通过 B2B(企业对企业)系统建立直联。

B2B 系统由三部分组成:公共平台、B2B 功能模块和增值服务。公共平台提供了 B2B 平台中的基本功能,如协议转换、访问权限管理等;B2B 功能模块则包括 Rosettanet(一种业务协议)所支持的业务流程管理、业务文档管理等;增值服务则提供了对内和对外的服务功能。

通过 B2B,将实现包括订单、发货、入库和销售汇总等数据的实时传递、交流时,无论是苏宁的采购人员还是三星的销售人员,双方将基于一个共同的销售信息平台,决定采购供应和终端促销,在技术上实现供应商管理库存的功能。

苏宁一位高管形象地描述了双方之间的这种合作："比如你买了一部三星的手机，苏宁的内部管理系统就会生成订单，经过安全系统会变成对上游供应商的指令，供应商会根据该指令下达销售订单。而苏宁和上游厂商的票据往来，也都由系统自动生成。现在三星跟苏宁的系统进行对接时，他们的供应部门只需要一个人就可以完成，而国内同行要做到这种对接，需投入 12 个人才能搞定。"

目前，苏宁已经与三星、海尔、摩托罗拉等大型企业建立了直联的B2B 供应链合作关系，供应商可以进入苏宁的系统，随时查看自己产品的销售进度和库存情况，减少业务沟通成本和降低劳动强度。同时，利用苏宁与消费者直接接触得到的市场信息，供应商可以更快地清除库存，生产适销对路的产品，供应链在这种循环当中得到完善。

B2B 供应链管理，不仅可以拉近上下游关系，甚至每年还可以为苏宁产生 1 亿元的收益。这 1 亿元收益包括了两部分：一是苏宁要为供应商提供基本的入网服务，要收每个城市的上线费和对主数据的维护费用；二是苏宁还为供应商提供业务数据和增值分析，以帮助供应商准确获取销售情况分析，这些数据堪称商业情报，而且只对少数战略合作伙伴开放，因此收费不菲。虽然对很多供应商而言，这有些像一个新的"盘剥工具"，但付出这些"小钱"毕竟可以为自己带来效率提升，所以大多数供应商还是愿意为此掏腰包。

如果说苏宁是以旗舰店战略为前台冲锋，以物流基地和 B2B 供应链建设为后台支撑，目标是提高单店业绩，那么这还只是看到了苏宁的短期利益，苏宁决策层大手笔推进 SAP/ERP 系统的真正宏伟目标，是打造"扁平的信息化集权"。

在企业管理中，始终有一个矛盾，就是管理幅度与管理层级的平衡。

管理幅度太宽，管理失控；管理层级太多，管理失效。要想做到不失控、不失效，企业规模就会受限，也就意味着企业做不大。在传统管理技术平台上，这一问题是很难得到根本性解决的。

苏宁以往的管理叫"物理集中、逻辑分散"，这种以业务为导向的系统，适合各个分店打游击战，但不适合整合集团资源，实行协同作战，结果导致苏宁不能实现真正意义上的跨地区、跨公司的管理，不能在整个集团层面上调动所有的资源。当公司再进一步扩张，到达一些二级市场、三级市场的时候，就遇到了麻烦。一个省级公司可以支撑一个管理平台，但到了二、三级公司以后，就那么小一个店，那么一点产出，还要建分公司，建管理平台，怎么做？支撑不了。

基于这样的原因，苏宁决定有计划、系统地设计一整套基于信息技术的、涵盖人力、流程、组织和绩效管理的整体变革方案，打造不容易被复制或超越的差异化竞争优势。苏宁投入 3 亿元，宣布与 IBM 建立战略合作伙伴关系，未来五年内，双方将在企业管理、流程变革、应用系统开发与IT 管理等领域开展密切合作。而且双方签署的是排他性协议，即与苏宁合作开发的应用系统是保密的，不能推广。因为他们曾经吃过这方面的亏，在上一代信息化中，他们聘请了一家本土软件厂商，因为没有签订保密协议，结果率先开发的系统被推广到同行中，成为行业标准，自身的领先优势没有有效发挥出来。

苏宁希望通过信息系统的建设，按专业化的方式重组公司，把层级化管理变成专业化服务，就能做到既高度集中，又高度扁平的管理，如集中采购、统一分货、集中客服、共享后台等。将原来的"物理集中、逻辑分散"改造为"物理集中、逻辑也集中"，实现真正意义上的中央集权，总部对门店实现了直接掌控。于是，在建设信息系统之前，2006 年新年伊始，苏宁宣布对原有组织架构进行大刀阔斧的调整。

"这个总体层面的变革，从表面上看，好像是比过去更复杂了。我们过去是总部、大区，再到子公司这三层结构，调整过后，好像变成了四层，其实，它的实质是压缩的。"苏宁的新组织架构依托于大区平台，直接掌控到连锁店，大区即是今后的物流基地。有了物流基地，就可以对连锁店进行支撑。苏宁跟 IBM 联合设计出来的新组织架构，就是利用大区把过去的子公司的管理功能屏蔽，子公司往连锁店转移，取消其作为公司的管理职能，完全依附于大区的物流平台进行运作。

在这种信息化系统的支撑下，加上 SAP/ERP 管理，连锁店的一举一动都在总部的适时监控范围内，真正实现了全国一盘棋，于是也就出现了门店"傻瓜式"操作、物流同步化、B2B 供应链与厂商直联的效果。

在苏宁，通过信息化集权，开店成本更低，速度更快，而效益回收更为迅速，不需要像同行那样背负巨大的负债压力和管控忧虑，所以苏宁能在国美大肆并购面前处变不惊。

现在，苏宁的经营效率已经远远超过了国内同行，它每开一个新店的盈利周期大约是一年，在很多同行那里起码需要两年。因为有共享的后台系统，连锁门店完全可以把采购、物流、财务、人力资源和售后全部外包给总部，相当于网络游戏中的"外挂"软件，而自己只需要专心做好现场销售和服务即可。如果是新开门店，苏宁总部也正在完善商品知识库，一线店员通过简单的学习，短时间内即可上岗，大大缩短了人员的培训周期。

人员的效率方面也有了很大的提高。之前，苏宁每年的人员都增加上万人，而之后的一年苏宁的人员总量只增加了 1000 多人，同时管理人员数量还在减少。

ERP 系统的使用，使苏宁每年节省 900 万元人员费用，物流、售后每年减少开支 1200 万元，管理费用每年减少 300 万元，通信费每年节省 100 多万元；与此同时，苏宁销售利润每年可提高 3000 万元。一套 ERP 系统一年为苏宁创造 5500 万元的利润。以无纸化办公为例，苏宁的纸张成本达 1200 万元，新系统上线后，当年就节约 80% 费用。随着苏宁门店的快速扩张，仅纸张一项，该系统就可累计为苏宁节约 1 亿元。

如果自身有着快速开店、快速盈利的能力，为何还要去花数倍的钱收购其他企业呢？这就是为什么苏宁在最后一刻放弃并购大中的深层原因。

当初为何放弃收购大中？苏宁主要考虑了三个层面的问题：一是投入的成本和收益，当时苏宁开店的成本大概是 800 万~1500 万元，30 亿元差不多相当于苏宁开 300 家店的价格了，而当时大中的门店数合计只有 81 家；二是机会成本，苏宁如果不并购大中，可能会丧失抢占北京市场的机会，但苏宁当时开店的速度已经轻松地达到了每年 200 家，而且随着后台系统的建设，开店的效益会更快地体现；三是整合成本，零售企业不同于制造企业，人力资源方面的整合成本相当高。

事实上，曾经有人预言苏宁在北京市场会被边缘化，但这个预言没有变为现实，在 2008 年年中的时候，苏宁在北京就已经突破 50 家门店，第四季度更是连开 12 店，赶上了大中被并购前在北京市场 62 家门店的数量，现在的目标是加速向北京苏宁百店目标冲刺。

第五节　ERP 系统在家电连锁中的应用

中国的零售连锁行业 ERP 管理软件应用，是从简单的进、销、存管理到融合合同、采购、销售、储存、配送、会员客户回访、安装维修服务的企业信息化集成综合管理软件。在以简单的数量金额管理功能为主进步到从软件基础设计开始就引入先进商业管理理念，从而达到对管理流程优化、内部控制严谨、部门协作同步、界面操作合理的要求。在短短的二十多年里，零售行业 ERP 应用从无到有，在管理理念与软件技术上实现了质的飞跃，如下图所示。

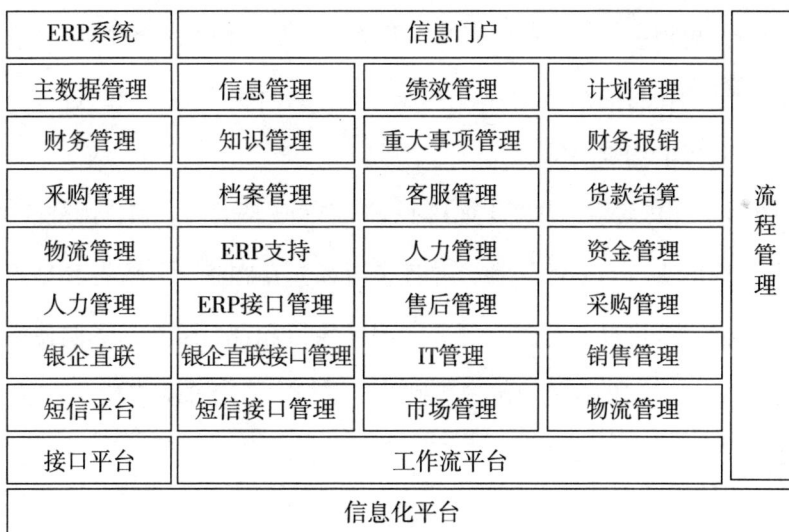

ERP系统	信息门户			流程管理
主数据管理	信息管理	绩效管理	计划管理	
财务管理	知识管理	重大事项管理	财务报销	
采购管理	档案管理	客服管理	货款结算	
物流管理	ERP支持	人力管理	资金管理	
人力管理	ERP接口管理	售后管理	采购管理	
银企直联	银企直联接口管理	IT管理	销售管理	
短信平台	短信接口管理	市场管理	物流管理	
接口平台	工作流平台			
信息化平台				

零售连锁行业 ERP 管理软件应用

苏宁的 ERP 系统主要包括以下四个功能模块：采购销售模块、物流管理与售后服务管理模块、财务管理模块和人力资源管理模块。下面结合苏宁的 ERP 系统的四个模块的实际运用，介绍 ERP 系统。

ERP 采购销售模块在苏宁的商品采购中的应用。商品采购是物流管理的起点，是营销活动的起点和基础。确定合理的订货量、优秀的供应商和保持最佳的安全储备，能够随时提供订购、验收信息，跟踪和催促对外购或委外加工的物料，保证货物及时到达。建立供应商的档案，用最新的成本信息来调整库存的成本。具体有供应商信息查询、催货、采购与委外加工统计、价格分析。

由于家电连锁企业一般采用集团采购的方式，统一的标准化经营管理体制，所以分店经营商品都由总部的集团采购中心集中采购，采购环境显得尤为重要，商品采购的良好运作，会给家电连锁企业带来良好的效益。

ERP 系统为苏宁的集团采购员、决策层提供实时的库存量、销售量、价格、成本和利润率等重要的数据信息；集团采购中心通过对以上信息的集中分析，再根据各个销售门店的实际情况，如当地的经济条件、气候变化和区域性消费者的消费偏好、生活习惯，从而制订最合理的进货方案，为前台销售提供稳定的货源。

苏宁的 ERP 系统还可以实现与上游厂商的无缝对接，通过内部的 ERP 系统与供应商进行有效的沟通，并且还可以运用在销售、库存和结算上，每一个供应商都可以及时地看到苏宁的销售量和现有库存，进而使备货、发货、结算等数据相互透明化，有利于苏宁与上游厂商奠定长期紧密合作的基础。

ERP 销售管理模块在苏宁的商品销售中有广泛的应用。商品销售是 ERP 信息资源的最主要入口。商品销售管理是从商品的销售计划开始，对其销售商品、销售地区、销售客户各种信息的管理和统计，并对销售数量、金额、利润、绩效、客户服务做出全面的分析。其功能有三方面：

第一，对客户信息进行管理和服务。它能建立一个客户信息档案，对其进行分类管理，进而对其进行有针对性的服务，以达到最高效率地保留老客户、争取新客户。

第二，对销售订单进行管理。销售订单是 ERP 的入口，所有的采购计划都是根据它而制订的。而销售订单的管理贯穿于产品生产的整个过程，包括客户个人信息、商品规格与类型、商品价格、付款信息、交货期的确认及交货地点等。

第三，对销售进行统计与分析。根据销售订单的完成情况，依据各种指标做出统计，比如客户分类统计、销售代理分类统计等，然后对企业实际销售效果进行评价，根据产品、客户、供货商、销售地区、销售人员、金额、数量分别进行对比。通过对比与去年同期销售情况，从数量、金额、利润及绩效等方面做相应的销售分析。

在苏宁的 ERP 系统中，苏宁的门店销售人员充当了 ERP 信息的输入员和使用者。销售人员可以通过 ERP 物流管理模块，实时查看配送中心的库存信息、当日配送量、当日配送能力等信息；如需要安装的商品，还要查看 ERP 售后服务管理模块的当日安装和维修量、当日安装能力等信息。通过掌握以上数据信息后，销售人员可以为客户推荐现有库存量的商品，同时根据配送量、配送能力和安装维修量，向客户预约合适的安装时间。当客户在苏宁连锁门店选购好商品以后，销售人员会要求客户提供个人详细资料，包括性别、联系方式、家庭地址、所选购的商品信息等，并直接输入 ERP 系统中。这些信息将会被物流、售后服务、客户服务、财务管理、集团采购中心、决策层等部门通过 ERP 系统实现资源共享。与此同时，苏宁也拥有了让其他竞争对手垂涎的客户信息，为企业更好地发展提供足够的、潜在的客户资源。

ERP物流管理和售后服务模块在苏宁的物流与售后服务中有广泛的应用。在连锁经营管理当中，物流管理和售后服务模块将成为整个ERP系统的核心，是家电连锁企业的核心竞争力所在。

ERP物流管理模块在苏宁的物流服务中有广泛的应用。物流就是物品流通的简称。物流管理是对商品流通的所有环节采取科学的、现代化的管理。有效率的物流系统可以给家电连锁经营带来诸多好处，提供丰富、及时、充足、适销对路的商品，降低营运成本，提供更为丰富的信息情报系统。由于家电连锁企业的货物体积比较大、重量比较重等特点，他们一般选择在郊区建立一个配送中心。

其配送中心的职能是采购、配装、分装、储存、调运。ERP系统用来控制存储商品和销售商品的数量，以保证稳定的物流支持正常的销售，同时又最小限度地占用资金。它是一种相关的、动态的及真实的库存控制系统。它能满足不同部门的需求，随时间变化动态地调整库存，精确地反映库存现状。这一系统的功能又涉及以下三个方面：第一，为所有的商品建立库存，决定何时订货采购，同时又可作为采购部门制订下一步的采购计划的依据；第二，收到订购商品，经过质量检验入库；第三，收发货物的日常业务处理工作。

为了解决配送问题，苏宁在全国已建立了三个全国性的物流中心，对于数据进行综合分析，从而为决策层提供更为直观的数据及各种数据报表（月平均库存金额、年平均库存金额、月销售金额、年销售金额、库存），并解决了与供应商结算数据的电算化操作问题。

ERP人力资源管理模块在苏宁人力资源中的应用。近年来，企业内部的人力资源开始越来越受到企业的关注，被视为企业的资源之本。在这种情况下，人力资源管理作为一个独立的模块，被加入到了 ERP 的系统中来，ERP 中的财务和生产系统组成了一个高效的、具有高度集成性的企业资源系统。它与传统方式下的人事管理有着根本的不同。它包括人力资源规划的辅助决策、招聘管理、工资核工时管理和差旅核算等。

自苏宁开始实行"1200 工程"，从全国范围招聘 1200 名大学应届毕业生，从基层做起，解决了快速扩张所需要的人才问题。实践证明，这批毕业生也成为苏宁推行 ERP 系统的中坚力量。有效利用 ERP 人力资源管理模块，为苏宁节约了大量的人力和物力。据初步估计，ERP 人力资源管理模块的使用所带来的直接经济效益为（按 30 家公司每年计算人员节省费用 900 万元）销售年利润提高 3000 万元，物流、售后减少损失 1200 万元，管理费用减少 300 万元，总计年实际产生效益 5400 万元。

第七章　苏宁新文化，打造新苏宁

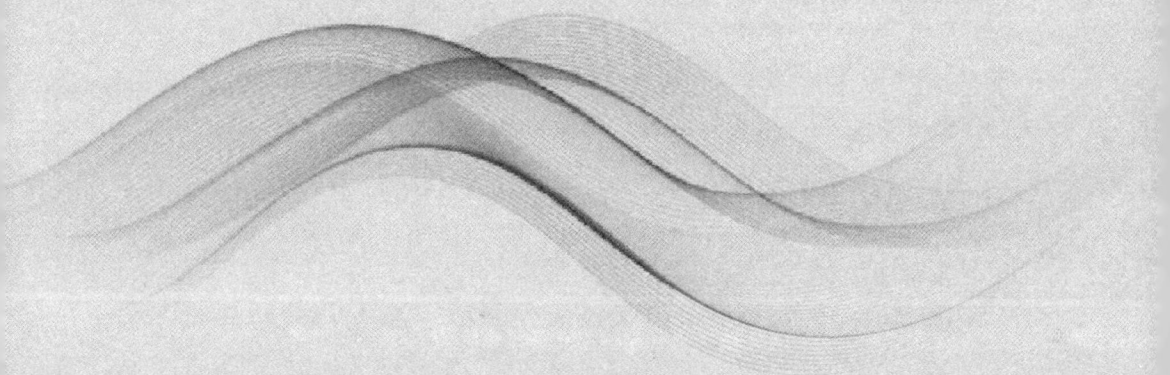

在企业文化不断泛化的今天，苏宁企业文化的独特魅力和成功演绎的方式，应该是每一个传统企业学习的成功案例。事实上，苏宁的企业文化作为优秀个案，其研究价值也引起了众多企业文化研究专家们的高度关注。

第一节　打造中国最优秀的连锁网络服务品牌

中国的商业零售行业正处在一个变革的时代，消费者的需求特点越来越趋向于个性化与人性化，传统的经营方式侧重于简单的商品买卖，已经无法适应新的消费需求特点，如何为顾客提供更多的价值，是每一个商家必须解决的问题。

苏宁是一个品牌，它由最初的"空调专营的小店面"成长为国内家电零售企业的"巨无霸"。苏宁的成长魔力来源于哪里？苏宁的竞争力何以如此"所向披靡"？

翻开苏宁的发展历史，是一个不断制订挑战性战略目标挑战自己，不断通过努力去达成战略目标，再通过制订更高挑战目标，再不断挑战自己的发展历史。如果没有不断挑战的战略目标，苏宁根本不可能从一家南京的空调零售店，发展成为今天的全国家电零售连锁"巨无霸"。

作为商业零售企业，苏宁所经销的各类商品都是供应商的，真正属于苏宁自己的产品只是服务，真正自己能够掌控的手段也只有服务，强化服务意识、加强服务管理、丰富服务内容是必然的选择。为此，苏宁提出了自己的服务战略与服务品牌。

刚开始，苏宁是一家以空调批发为主的家电销售企业，但是家电零售连锁化的发展趋势已经比较明显。当年综合性家电连锁店为 8 家，营业额为28亿元。为了实现未来快速发展,苏宁确定了打造中国最优秀的连锁网络服务品牌,在全国大力发展零售连锁网络战略,设计了全国连锁经营与全国连锁经营管理体系。提出了"用3~5年时间,建1500家连锁店,实现年销售额250亿~300亿元"的战略目标。

目前苏宁电器实现销售额392.7亿元,但连锁店仅有224家。苏宁实现了销售额战略目标,但未实现连锁店数量目标,这最主要是由于苏宁对连锁店未来发展趋势估计不足,事实上后来连锁店的发展,是大店适合更丰富的产品品类及品牌选择,大店发展模式取代了原来的小店发展模式,虽然总的店面面积增速非常快,但店的数量增长远远小于最初的战略目标数量。

2005年年底,苏宁制订了新的五年战略目标:"2006—2010年,苏宁将以每年180~200家的速度开店,在未来5年苏宁将家电零售网络扩张到全国300~450个城市,到2010年,全国连锁店数量达到1300家,营业额达到1500亿元。"

2010年,苏宁实现销售额近1500亿元,拥有连锁店数量1342家,基本接近了五年前制订的战略目标。

2010年年底,苏宁制订了新的战略目标:电器连锁方面,苏宁将坚持实体网络和虚拟网络同步建设,继续保持稳健、高速的发展态势,到2015年完成60个物流基地,到2020年,实体店面总数突破3500家,销售规模达3500亿元,虚拟店面销售实现3000亿元。依托信息化技术的创新运用,苏宁向消费者提供更加智能化、人性化的家居生活,全面提升服务品质和客户体验,升级企业内部管理平台。

比如,2016年8月30日,苏宁控股集团董事长张近东登上"苏宁之夏"的颁奖礼舞台,向互联网金融O2O创新模式、苏宁足球俱乐部专业化管理创新、战略投融资模式创新、物流自动化项目、IT 创新项目等 12 个创新项目颁发总金额为 1000 万元的"互联网创新奖"，以及两辆特斯拉汽车，奖金金额再创新高。"只要你们敢于脑洞大开，爆发出洪荒之力，集团就能让你成为创新领域的泥石流。"

2016 年是苏宁"互联网创新奖"设立以来的第三个年头，获奖项目包括以鹰眼、易道、千里传音、全网 CDM 平台为代表的 IT 创新产品，以领先世界的智能化物流中心南京苏宁雨花物流基地二期为代表的物流自动化项目，以及保持着 GMV（商品交易总额）翻番增幅、单月最大环比增长超过 800% 的苏宁、阿里巴巴合作项目，红孩子线下母婴店项目、苏宁小店项目等。"苏宁的创新不是放卫星，也不是拍脑袋，而是让大家有目标、有主题，背靠苏宁强大的产业和资源体系，大胆想象，小心求证。"

苏宁 2016 年互联网创新奖十二个奖中，新产业占据五席。其中，苏宁金服上半年实现了规模和利润的双丰收，还拥有 11 个行业牌照、资质以及金融全产品线，并在行业内构建了完整的金融产业布局。苏宁足球俱乐部作为上半年度苏宁新产业中的明星产业，在中超联赛排名第二，足协杯杀入四强风头正劲，正在颠覆中国足球发展格局；苏宁文创围绕"强平台，精内容"的战略发展要求，在行业打造出了"硬件＋应用＋内容＋服务"的全产业链生态圈的商业模式，实现了 O2O 价值链的延伸拓展；而苏宁投资则堪称最低调的"得分王"，短短半年多时间中，相继完成了对国际米兰、努比亚、创冰、八天在线等众多项目的收购或投资，为苏宁的产业生态发展提供了强力支撑。

苏宁云商 2016 年上半年财报显示，线上平台实体商品交易总规模同比增长 80.31%，移动端订单占比提升至 72%，社会化物流收入同比增长 153.98%，金融业务总体交易规模同比增长 130%。

综合地产开发方面：苏宁将坚持商业、物流工业、住宅、科技、旅游五大领域协同发展，同步带动高星级酒店、购物中心，到2020年完成300家自建电器旗舰店、60个物流基地、100个高星级酒店和50个大型购物中心，营业规模达到2000亿元。加上国际化及其他业务的发展，苏宁2020年战略目标定为"万亿苏宁"。

从苏宁的战略目标发展历程来看，苏宁在不断地挑战自己、制订具有挑战性的战略目标。当通过苏宁人的共同努力，提升了公司整体经营管理能力，实现了战略目标后，苏宁又根据新的公司能力，制订一个更高的、具有挑战性的战略目标。苏宁的战略目标给苏宁人注入了源源不断的活力、压力和动力，使苏宁不断跨过一个又一个更高的战略目标，指引苏宁持续、快速、健康地发展。

第二节 制度重于权力，同事重于亲朋

在大多数企业将企业文化当作口号宣传的现状下，泛滥的企业文化已经越来越不实际，泛文化、亚文化、伪文化成为企业文化的代名词，这不能不说是企业文化在中国的悲哀。苏宁在其企业文化的实践当中，自通过由下而上的企业文化征集活动总结形成相对完善的企业文化制度体系以来，苏宁企业文化从没有停止过建设的步伐。作为苏宁企业的发展动力和苏宁人的日常行为规范，苏宁的企业文化建设显然是一个吐故纳新、持续发展的过程。

苏宁的企业文化也许是众多企业文化中最为常见的，但是在企业内部植根的深度却是不多见的。目前，苏宁企业文化除了作为苏宁各部门、分公司看板管理的主要内容以外，更重要的是，正在内化为苏宁员工的行动理念，并外化为苏宁在应对激烈市场竞争的手段，成为苏宁高速发展的核心动力。

在企业文化不断泛化的今天，苏宁企业文化的独特魅力和成功演绎的方式，具有作为优秀个案的研究价值，也引起众多企业文化研究专家们的高度关注。

"以市场为导向，持续增强企业盈利能力，多元化、连锁化、信息化，追求更高的企业价值；以顾客为导向，持续增强企业的控制力，重目标、重执行、重结果，追求更高的顾客满意度；矢志不移，持之以恒，打造中国最优秀的连锁网络服务品牌。"（《苏宁基本法》）很多人不解甚至质疑苏宁迅猛发展的速度，也有人对苏宁的快速发展表示过忧虑和担心。

当年一个小小的临街店铺，在具有资金、人才、资源多种优势的国有企业的夹击中，为何在短短几年的时间内成为中国空调批发领域的龙头老大？又为何仅利用三四年的时间迅速跃升为中国家电连锁业态的翘楚？自苏宁宣布进军综合电器，第一个门店——南京新街口店（现苏宁电器总店）成立以来，切实感受到了苏宁电器创业阶段的艰辛，同时，也对苏宁电器为什么能够走向成功有了初步的认识。通过与"老苏宁人"和苏宁新秀的沟通交流，能够感受到的是，如果苏宁企业文化初始形态是苏宁企业文化的雏形的话，那么《苏宁基本法》则是对苏宁为何成功的完整诠释。

在这里，苏宁并没有空谈所谓的企业战略。特别是在企业战略战术化、空洞化、口号化的今天，《苏宁基本法》的文字魅力也许并不是很出色。但是，把流行在老板们口头上的企业战略，作为一种全体苏宁人所必须遵守的工作导向，进而确立了苏宁经营发展的最终目标，使得《苏宁基本法》少了些口号，多了点实际，因而具有了较强的行为引导力和文化助推力。既解决了企业怎么样发展的问题，同时也明确了苏宁电器为谁而存在、为谁而发展的问题。

"矢志不移，持之以恒"内含着苏宁人的人格韧性，我想凡是与苏宁人有过接触的人，都会切身感受到这一点。在这种人格韧性的支持下，试问什么样的挑战能够阻挡苏宁人的脚步？"打造中国最优秀的连锁网络服务品牌"就成了一个现实的企业发展目标、最为现实的愿景。

"制度重于权力，同事重于亲朋。"有令不行，令行不止，员工缺乏执行力，甚至反企业、反文化的行为屡屡发生，成为众多企业老板和高层管理者最为头痛的问题。中国几千年来的官本位，"权力大于法"的文化惯性，可谓无处不在。制度制定者公然蔑视制度的权威，可是无人敢于主张违规者应该付出什么样的代价；面对不合理的制度，员工敢怒不敢言，制度成为一张挂在墙上的废纸；受制于制度的员工，基于不平衡心态，对于制度持有逆反心理，以及不惜违反制度、试图逃避惩罚的侥幸心理，使制度的权威面临着多方面挑战。这不能不说是企业内部制度建设的悲哀。

在众多老板抱怨员工执行力不足、忠诚度缺失，试图通过借助于外部的力量改变这一现状的时候，我们看到了企业文化专家们"走穴"的匆忙，《执行力》《自动自发》《带给乔西亚的信》等书籍热销。但是，问题解决了吗？显然，并没有得到根本解决。"制度重于权力"在大多数人看来，无非也是一句口号。然而，在苏宁企业文化的实践过程中，却不是人们想当然的那样。通过了解苏宁的内部管理制度，最直观的感受就是在苏宁电器"制度重于权力"绝非一句空话，而是企业员工切实执行的准则。因为，苏宁任何企业内部制度的出台，都要经过三次以上自下而上的建议征集和反复论证，才最终形成制度。

与大多数企业内部制度执行的周期和制度变换、仅仅由个别人在文字方面修修补补不同，苏宁的内部管理制度在公布伊始，便规定了制度本身具有随着市场、企业的发展变化而更改的必要性。在这种情况下，"制度重于权力"将不再是一句口号。同样，全员管理的思想，在苏宁也得到了充分的实践。假如苏宁电器大厦的一名保洁阿姨可以制止苏宁电器某高阶领导将饭粒撒落在地上的行为，而那位高阶人士连连不迭地说对不起的话，你对"制度重于权力"在苏宁的实践还有怀疑吗？

"同事重于亲朋。"在苏宁电器里也许听不到称兄道弟、师傅徒弟、大哥大姐的称谓，相反，称呼姓名和职务的现象则是最普遍的。而恰恰是在兄弟姐妹漫天飞的企业里面，我们看到许许多多的裙带关系、不同团体的你争我斗的内耗。但是，在苏宁基本上见不到这些现象。姓名或职务作为开端的沟通，却充满了礼貌和真诚，同时充分张扬了人人平等、彼此尊重的合作精神，同甜蜜的称谓背后太多的思量所给人带来的心理感受截然不同。在苏宁企业文化的显性表现当中，我们看到了一种制度重于权力、团队至上的平等、协作、尊重的同事关系。苏宁团队的聚合力也因此而得以彰显。因为，苏宁人清醒地意识到，工作也是一种生活，甚至是每天生活中最重要的部分。同事之间在一起相处的时间，甚至比亲人朋友之间相处的时间还要多得多。营造一种融洽的同事关系，将使你的生活更美好！

为了共同的顾客，做同一件事，基于厂商合作而形成的"同事"关系，让人感受到了"同事重于亲朋"的独特魅力。这也是供应商乐于与苏宁电器合作的根本原因。建立在战略合作伙伴关系上的高层互动，更让人们明白为什么海信、美菱、格兰仕、西门子、三星等企业的高层频频造访苏宁，也明白了苏宁为什么能够得到政府组织和社会团体（包括媒体）的高度重视和支持。

"整合社会资源，合作共赢；满足顾客需要，至真至诚。"有人曾对企业下过这样的定义：所谓企业就是通过对相关要素（资源）的利用形成新的要素组合形式。苏宁的企业经营理念则是对这一定义的合理引申。

在苏宁的经营理念当中，他们意识到企业融入社会的重要性；从其经营的宗旨来看，他们同样明白所处的行业和应该为谁而存在的重要性。作为渠道商，家电连锁业态正是上游制造厂商和终端顾客之间连接的"节点"。而苏宁并没有仅限于"节点"的认识范畴。社会资源当然包括上游制造企业，但是在苏宁社会营销的观念看来，上游制造厂商、公司股东、媒介资源、政府机构和社会团体、企业的人力资源同样是企业发展所不可或缺的重要资源。而实现各种资源的优化配置和高效利用并最终回报社会的观念更是苏宁的成功之基。

"合作共赢"的经营理念充分说明了这一点。这也可以说是苏宁美誉度不断提高的另一种诠释。"合作共赢、至真至诚"，最大限度地满足了顾客的需要，说明苏宁发展的方式和目标，如今已内化为全体苏宁人的行为准则。只要你到苏宁的门店走一圈，将感受到这一理念形成的氛围无处不在。

苏宁曾经从民营企业家的角度，在一篇文章中谈到苏宁企业文化发展历程中的四个阶段：第一阶段：个人的利益定位是为了个人和家庭；第二阶段：群体利益定位是为了员工和朋友；第三阶段：社会责任定位是为了社区和国家；第四阶段：职业志向定位是为了成就一项事业。这其实也是每一个企业员工价值观不断升华的演进过程。

与那些国有体制下演化而来的企业不同，苏宁的民营化个性具有鲜明的特点。除了由于国有企业弊制严重，国退民进日益成为潮流，作为人们热衷谈论的话题以外，民营企业的生存环境也得到了根本的改善。但是，民营企业原罪化却是人们热衷谈论的另一个话题。由于创业初期处于特定社会经济阶段而为民营企业打下了与生俱来的某种色彩，赚取阳光下的利润成为包括苏宁在内的诸多民营企业共同的话题。任何社会资源组合的形式都有其合理存在的方面，人们的社会价值观也将因此而改变。这就是苏宁价值观形成的社会背景。

建立在全新认识基础上的苏宁价值观，说明了企业盈利才能够发展，企业长久发展成为国家社会和苏宁全体员工共同的需要，而苏宁的发展过程其实也就是一种社会资源的再分配、利益共享的过程。民营企业的员工同样是国家的员工，民营企业同样承负社会责任，国退民进的潮流是时代发展的需要。而这一切离不开社会的支持和民营企业自身的努力，否则就是一句空话。工作本身就是一种生活，所以说家庭氛围成为苏宁营造员工幸福生活的一部分。

第三节　合作共赢 + 至真至诚

现代专业电器零售企业都具有一个共同的特点，即低价格。但苏宁认为，低价格是电器零售行业的必然趋势，任何大规模消费的商品价格都必然走低，但顺大势的低价格或者亏本的低价格是不能保证企业长远发展的，苏宁追求的是做"百年企业"，百年企业的存在与发展需要利润的支撑，使它们不可能亏本经营。

顾客需要商品价格低，但是绝对不会仅仅是价格低，必须和良好服务结合在一起，价格必须和价值对等才能真正满足顾客需求，价值高的商品顾客同样能够接受价格高。苏宁倡导的服务是广义概念上的服务，是包含合理低价内容的服务。正是看到这样的市场基础和长远发展要求，苏宁才敢于将服务作为提升价值、价格的战略手段大胆运用，精心培育品牌形象。苏宁在企业文化中明确将服务理念阐述为："至真至诚、苏宁服务，服务是苏宁的唯一产品，顾客满意是苏宁服务的终极目标。"

服务已经成为苏宁的金字招牌。纵观苏宁的发展史，也是苏宁服务不断升级、不断发展的历史；服务领域从空调发展到电脑、小家电、白电、黑电、通信、数码、IT 等多个领域；服务形式从售后到售中、售前，开展综合服务；服务方式也有了"质"的飞跃，从贴近市场，开设遍布各城市的服务网点，扩大到服务网络的社区化建设……

苏宁率先在中国家电流通领域，尝试连锁经营的模式。在江苏及北京、上海、广州、重庆、天津、成都、合肥、杭州、西安、深圳、济南等地，以直营和特许形式建立了数百家连锁店。苏宁确立了以综合电器升级、连锁扩张提速为战略的二次创业阶段，在南京山西路开设18000平方米的专业自营旗舰店，堪称亚洲电器单体店之首，意味着苏宁电器从空调专营到综合家电经营，再到信息家电拓展的第三次腾飞。在经营品类上，苏宁在做大做强传统家电的同时，大力培育信息家电；在连锁网络建设上，苏宁坚持以时间换空间、数量决定质量，快速建设了苏宁在全国的连锁网络。

苏宁的未来发展目标定位为"中国最优秀的连锁网络服务品牌"，未来的苏宁连锁网络核心，就是一个由连锁店、物流配送中心、售后服务中心、客户服务中心构成的连锁实体平台和一个拥有良好知名度与美誉度的服务品牌。

品牌代表着信誉，品牌意味着市场，品牌意味着同样的商品可以比竞争对手销售得快、销售的价格高、销售得多。苏宁在国内外已成为消费者熟知的连锁服务品牌，已经拥有了一个非常深厚的服务品牌形象，接下来的任务就是：让苏宁品牌成为中国所有消费者敬仰的连锁服务品牌。

苏宁的服务对象不仅仅限于消费者，而且延伸到服务供应商、分销客户、服务社会层面。苏宁并不宣称顾客就是上帝，而是更关注如何做好服务，让顾客真正享受到上帝的待遇。它们对顾客的承诺就是：品牌、价格、服务一步到位。只有拥有消费者的信任，企业才能获得生存和发展的空间。

服务供应商。苏宁和供应商的关系是专业分工、合作共赢的关系。苏宁为供应商提供生产启动资金、强大的终端促销能力，为供应商的营销工作提供全面的服务。近三十年来，苏宁的资金、服务都赢得了业内厂商的赞誉和口碑，已与300多家厂商结成总部对总部的战略合作伙伴关系，为苏宁的发展提供了产品、价格、售后、配送等各方面的支持。

服务分销客户。苏宁连锁网络中，直营店只是网络运行的核心支撑，还有很多特许店构成了网络终端的主体。苏宁同样需要为连锁加盟客户提供整套的管理模式、经营理念、品牌形象、信息系统、物流、售后资源支持，形成一整套管理体系的输出，将社会零散的零售商整合到苏宁的连锁网络之中，享受群体规模优势，实现资源共享。

服务社会。企业的成功离不开社会与国家的扶持，企业必须承担相应的社会责任。服务社会主要表现在通过缴纳税金，为国家财政收入做贡献；通过吸纳众多人才就业，为社会提供大量的就业机会，为维护社会稳定做贡献；通过积极参加公益、教育、慈善事业，为相关机构、个人提供经济上的援助和支持。截至目前，苏宁已先后向社会捐助金额达数千万元，受到了社会各界的一致赞誉。

苏宁易购是苏宁云商旗下新一代B2C网上购物平台，现已覆盖传统家电、3C电器、日用百货等品类。苏宁易购强化虚拟网络与实体店面的同步发展，不断提升网络市场份额。之后的三年，苏宁易购依托强大的物流、售后服务及信息化支持，继续保持快速的发展步伐；预计到2020年，苏宁易购计划实现3000亿元的销售规模，成为中国领先的B2C平台之一。

在全新蜕变之后，苏宁易购重新梳理了贴合网络购物特点的页面风格、采购体系、物流规划、商品清单、页面设计、购物流程、支付手段、配送售后等新的购物体验，努力为用户营造轻松、和谐、愉悦的购物环境，不断丰富品牌类型，优化产品结构，不仅为顾客提供家电类产品，更增加了家居用品以及办公用品，极大地丰富了消费者的购物体验，改变了网购的传统模式，让顾客在充分享受网购的过程中，体验人性化的服务。

苏宁易购具有苏宁品牌优势、上千亿元的采购规模优势、遍及全国 30 多个省区市 1000 多个配送点、3000 多个售后服务网点的服务优势、持续创新优势等。对于苏宁易购的未来发展战略，制订了明确的 3 年发展战略，将其建设成为符合互联网经济的独立运营体系，组建 1000 人的 B2C 专业运营团队，形成以自主采购、独立销售、共享物流服务为特点的运营机制，以商品销售和为消费者服务为主，同时在与实体店面协同上将定位于服务店面、辅助店面，虚实互动，为消费者提供产品资讯、服务状态查询互动，以及作为新产品实验基地，将消费者购物习惯、喜好的研究反馈给供应商设计，提升整个供应链的柔性生产、大规模定制能力。

和实体店面线性增长模式不同，苏宁易购能够快速形成全国销售规模，呈现几何式增长，同时依托线下既有的全国性实体物流、服务网络，苏宁易购能够共享现有资源，快速建立自己的盈利模式。根据行业整体发展预期和自身发展战略，苏宁易购计划在 3 年之内占据中国家电网购市场超过 20％的份额，成为中国最大的 3C 家电 B2C 网站。

苏宁从准备到发展 B2C 业务经历了四个阶段。最早是 2004 年嫁接门户，尝试网购，但主要目的还是在于宣传；之后自立门户、树立网络销售形象，同期线下实体网络建设不断加速；随着全国实体网络的建立以及会员制数据库营销的建立，初步启动网上平台的运营，探索经验，优化系统平台；最后是在当前内外部条件完全成熟的背景下，全面升级，力推网购，苏宁连锁网络的"空军"兵种全面起飞。

第四节　思想观念转型是关键

面对互联网时代的机遇与挑战，诸多企业面临着转型或者正在转型。企业转型面临的最大问题是思想观念的转变，苏宁在这方面通过设立创新基金、薪资调整、员工股权激励等方式，筛选和留住人才，促进整个人力资源体系建设与管理的转型。

苏宁在确定宏观的经营战略后，开始对内部组织和人才管理进行全面变革，包括构建团队、成立人力资源总部；对过去几年的得失进行总结，整理出一套新的理念、原则和政策，人员的引进与培训力度越来越大，各项措施逐步落实，等等。

思想观念转型是关键，苏宁设立基金鼓励员工创新。苏宁认为：在转型道路上面临的最大问题是员工思想观念的转变，如果这方面不能全面到位的话，转型在落地方面会面临一些问题，这项工作是很复杂的，也是需要时间的，例如人才的培养需要时间，不是简单的重金悬赏招聘一批人进来，马上就能出结果，这是不现实的。

苏宁设立了面向基层员工的 1000 万元基金，鼓励各区域员工百花齐放、百家争鸣，一位高管说："我们一开始鼓励大家提建议，不管什么人提，提什么东西，首先提了就有奖，我们再筛选一些真正有价值的，给予更高层面的奖励。"

苏宁每个月会在创新方面投入一笔资金，有的员工创新出了大项目，有的创新出了小项目，高至几千元，低至几百元。"苏宁不会觉得这笔钱投入得多，反而觉得投入不多，我们要让这么多的员工的观念转变过来。公司高层也不断地宣传股东思想，对于下面的员工，他们能够真正地去转变，并且落地，是需要时间的。"

很多互联网企业流行招聘现用型人才，招来即用。对此，苏宁并不认可。"任何一个企业要想长久发展，没有一个团队的积累，没有长时间的磨合不可能成功。互联网提供了更多的机会，促进人才的流动，也促进了人才跳来跳去，薪资越跳越高，不可否认有正面的促进作用。但当泡沫过去以后，浮躁消除后，还是要回归本原。现在是O2O的时代，在经营上很多企业慢慢回归本质。而不少企业此前在管理方面的认知、投入和积累还是有限的，因为它暂时也不需要，但终归会遇到这个坎儿。"

苏宁在引进人才和保住人才方面具有一些独特的方式。

首先，苏宁不会选择频繁跳槽的人。虽然因为互联网很火爆的局面，招聘时可能不会特别计较其是否频繁跳槽，但苏宁对于简历里显示频繁跳槽的人是反感的。苏宁的观点是，企业和员工之间有一个磨合期，这个磨合期为12～18个月。有些人加入后，发现苏宁的整个体系岗位、业务模式，与自己以前了解的不一样，需要重新去熟悉，如果能够彼此认同，愿意继续干，苏宁会给予时间；如果理念无法达成一致，那就"分手"。

其次，苏宁在薪酬增长方面也进行了改革。苏宁的员工薪资包括三个部分：工资、奖金、股权激励。不同的地区、不同的体系、不同的岗位会有一个薪资增长的目标值，以这个目标为基准进行调薪。苏宁在奖金方面的力度越来越大，通过两年的调整，给经营层如第一负责人的薪资最高达"12＋12"，与每个月、每个季度的项目进行挂钩。最近三年，苏宁的管理层薪资增长累计达到50%。

最后，苏宁推出股权激励，提出"事业经理人"理念，推出第二期员工持股计划，比之前力度更大，以往的人数是一千多人，此次把条件进一步放宽，股权激励将近三千人，包括北京大区，到整个部门的负责人、骨干、大量的IT人员，覆盖面更大；提出事业合伙人的理念，苏宁希望员工和事业经理人有事业上的追求。

在转型历程中，苏宁一共招聘了1600名中高层管理者。在转型的问题上，比较重要的是企业要大胆变革，改变自身，"但是企业要保有自己的思想，保留自己的坚守，不能简单地随互联网时代的大趋势赶时髦，也不能担负着很多舆论压力。苏宁这几年转型过程中，外界对我们有很多疑义，甚至还有否定，还有来自内部各种各样的矛盾，我们都是咬着牙坚持过来的。"

第五节　刷新转型以来的最高、最快增速

2016 年，苏宁云商又有新动向：频频发力零售、地产、文化创意、金融、投资五大产业，并计划用户数量上要翻一番，开放平台要打造 50 个 5000 万元以上、200 个 2000 万元以上、250 个 1000 万元以上级的商户，要让 50% 的供应商加入苏宁物流开放系统。

张近东给苏宁 2016 年的战略定位是"领航"：苏宁云商 O2O 全渠道要突破 30% 的增长，互联网平台的交易规模要超过 1000 亿元；物流集团进入独立运作的第二年，要在多年资产和技术积累上实现规模效益双增长；苏宁金融业务交易规模要突破 5000 亿元；苏宁置业全年营收规模要实现翻倍增长。

苏宁在最好的时候转型，前期在前后台能力超前建设方面的巨大投入，如今已经到了收获的季节。苏宁预期，一方面是基于零售板块，迎来转型以来增速最快的一年，线上销售增速连续多个季度超越竞争对手；商品方面增长迅猛，尤其是手机 109% 、超市 300% 的高速增长以黑马姿态逆袭行业。同时，在母婴电商、农村电商、跨境电商等热点领域，苏宁也快速打开了局面。苏宁置业已进入全国 80 个城市；PPTV 全年服务 3.7 亿用户；江苏苏宁足球俱乐部冲击亚洲足球俱乐部冠军联赛，成为体育焦点。

苏宁已经积累了很多优势，拥有了逆势抓住机遇的核心能力，苏宁的

O2O 模式经过持续的探索和实践，已经成型、定型，进入快速发展和开始收获的时期。而在行业地产模式"从重到轻、由硬变软"的大趋势下，苏宁置业结合互联网零售、文化创意、金融等，相比传统地产企业，拥有更大的发展空间和更多的创新机会。

对于 2016 年，张近东认为：宏观经济的中高速发展，更多是指向制造领域的去产能、调结构和促转型。而苏宁所处的大消费、大服务领域，在供给侧改革的推动下反而会迎来持续向好的发展，品质消费、品牌消费将带来高增长，服务消费、文化娱乐产品的消费必将成为拉动消费增长的新主流，这将带动苏宁酒店、广场、文化、体育等产业的发展；全社会去库存化、去产能化对渠道能力的要求更高，苏宁基于大数据 C2B（消费者到企业）反向驱动的供应链模式将优势凸显。此外，随着原材料和能源成本下降，人民币适度贬值，以及融资成本的下降，给企业的投资创造了非常好的窗口期。苏宁正在大力发展的苏宁广场、云店、易购服务站、社区网点、物流基地、数据中心、酒店、住宅、影院等各项基础投入迎来难得的低成本扩张期，苏宁投资集团也可以借此把握低成本的窗口期，完成一轮市场逆袭。

在 2016 体育大年，苏宁文化创意产业的 PPTV、苏宁足球俱乐部的发展，都将迎来前所未有的机遇和发展空间。另外，苏宁不仅在转型之初准备了雄厚的资本，在转型成型之际又吸纳了雄厚的股权战略投资，为提速发展准备了充足的资本，又通过对资本的有效利用，成立投资集团加快对外投资步伐，完成了苏宁五大产业的生态圈构建。伴随一系列投资布局和战略联盟，苏宁为自身的互联网零售、平台化发展建立了丰富的行业顶级资源，这些资源正演变成以苏宁为纽带的生意链和生态圈，并惠及零售、地产、文化创意、金融、投资五大产业。

"企业成长新视点"系列书架

互联网风暴来袭，新的商业模式随着互联网的浪潮孕育而生，传统的企业管理与运营模式正在接受一场全新的洗礼与挑战。

基于当前企业管理运营中存在的疑点、难点、痛点，中国财富出版社与北京金师起点文化传媒携手国内经营管理方面的前沿讲师、学者及业内专家，匠心打造了"企业成长新视点"系列书籍，并细分为资本运营、管理技能、市场营销、人力资源、生产管理、公司治理、创业之路、商业模式运营等多个选题出版方向。

"企业成长新视点"书架诚邀企业界、培训界及商界名流及专家学者合作，共同打造有料、有趣、有生命力的作品，惠及广大读者以及一线的经营管理者。